CECIL CHARLES

HONDURAS, LA TIERRA DE LAS GRANDES PROFUNDIDADES

ERANDIQUE
COLECCIÓN

HONDURAS, LA TIERRA DE LAS GRANDES PROFUNDIDADES
CECIL CHARLES

©Editorial Erandique
Supervisión Editorial : Óscar Flores López
Diseño de portada: Andrea Rodríguez-Lilyana Gálvez
Administración: Tesla Rodas y Jéssica Cordero
Levantamiento de texto: Zona Creativa
Director Ejecutivo: José Azcona Bocock

Instagram: coleccionerandique
Facebook: Colección Erandique
Segunda edición
Tegucigalpa, Honduras-mayo de 2024

GENERAL BOGRÁN
Presidente de Honduras

HONDURAS, LA TIERRA DE LAS GRANDES PROFUNDIDADES

POR:
CECIL CHARLES,

AUTOR DE "SAN JOSÉ DE COSTA RICA", TRADUCTOR DEL
"COSTA RICA Y SU FUTURO" DE BIOLLET, ETC.

CHICAGO Y NUEVA YORK:
RAND, MCNALLY & COMPAÑÍA, EDITORES.
1890

PARA:

EL PRESIDENTE DE HONDURAS,

SEÑOR GENERAL DON LUIS BOGRÁN

COMO TESTIMONIO DE

ADMIRACIÓN Y APRECIO

CONTENIDO

PREFACIO E INTRODUCCIÓN

APÉNDICE

HONDURAS: LA TIERRA PROMETIDA PARA LOS INVERSIONISTAS

Este fascinante libro es una combinación de relato de viajes, descripción geográfica, estudio económico y consejos para inversionistas o inmigrantes. Al escribirse en 1890, Honduras era considerada una prometedora ubicación como destino de personas provenientes de Estados Unidos y Europa que vinieran a dedicarse a actividades mineras o agrícolas.

Este libro es principalmente dirigido a este público. Al compartir sus experiencias de hacer un viaje terrestre desde Amapala hasta Tegucigalpa (Parte 1), y de Tegucigalpa a Puerto Cortes (Parte 4), da información logística útil a los viajeros, y nos sirve como fuente invaluable del estado del transporte en ese periodo.

La parte 2 es dirigida especialmente al estudio de la minería, y de la factibilidad de inmigrar para realizar esta actividad. La parte 3 está más enfocada en la agricultura, y descripción de la geografía y riquezas naturales.

En todo el trabajo se siente un espíritu optimista y con mucha fe en el futuro de Honduras.

La voz del señor Cecil Charles, con su enorme capacidad para documentar detalles y capacidad de análisis, nos ayuda a entender los enormes potenciales de nuestra nación. Estos, en muchos casos, permanecen latentes aun, esperando las fuerzas creadoras humanas.

El traductor de esta obra fue el Sr. David Ruiz, al que se agradece mucho su esfuerzo.

JOSÉ AZCONA, AGOSTO 2021

INTRODUCCIÓN

La preparación de esta pequeña obra sobre un país en el que tuve la fortuna de pasar muchos días felices, y entre la gente en la que confío que, incluso en la ausencia, los puedo considerar buenos amigos, ha sido de principio a fin un trabajo de amor. Al darme cuenta desde el principio de que este sería el caso, y que en tales circunstancias se debe evitar el peligro de representar con excesivo entusiasmo, decidí escribir con moderación sobre todos los temas presentados. Es posible que en mi deseo de no errar en una dirección, haya ido muy lejos al otro extremo y haya permitido que algunos capítulos sean más prosaicos de lo necesario.

Sin embargo, el propósito de este libro no es tanto para entretener al lector casual, sino para otorgar información práctica a un vasto número de personas que contemplan buscar su fortuna en Honduras, y que desean familiarizarse primero con algunas de sus costumbres, recursos e industrias. Para tales, creo que resultará valioso, en la medida en que la experiencia de una persona pueda beneficiar a otra.

Tengo que reconocer la valiosa ayuda que se me ofreció por el *Honduras Progress* y su director capaz, Dr. R. Fritzgartner, con quien estoy en deuda por la información de otra manera inaccesible. También he citado a otros escritores de artículos interesantes, a quienes no he fallado en dar crédito a los extractos citados, y con quien tengo obligaciones duraderas.

Si el libro tiene éxito para aquello que se creó, estaré más que feliz.

EL AUTOR

Dr. Fritzgartner

LA REPÚBLICA DE HONDURAS

PARTE I

MONTURA Y HAMACA

I
LLEGAR A TIERRA Y EMPEZAR

Era agosto cuando llegué a Tegucigalpa. Estoy seguro que nunca olvidaré cabalgar a través de Comayagüela, donde todas las personas —o parecía que todas— salían a las puertas y a la calle para echar un vistazo a los nuevos "Gringos".

Era tarde. Estaba muy cansado, tieso, quemado por el sol, muy humilde al no saber sentarme en una mula con paso duro o saber hablar español. El viaje desde Amapala había sido exhausto. No sé por qué la gente prefiere ir a Honduras por el Istmo y Amapala. Es mucho más directo por Nueva Orleans y Puerto Cortés. No obstante, dejé Nueva York a bordo del barco a vapor *Pacific Mail* el 1 de julio; había aterrizado el 10 en Colón, y permanecí allí la noche, aunque los mosquitos llevaban a cabo el tipo más extraordinario de juerga bacanal dentro de mi cobertura para mosquitos, y dormir era difícil.

El siguiente día había cruzado el Istmo, por riel, y zarpé a las siete de la tarde en un dudoso barco a vapor de cabotaje (desde entonces descontinuado) con uno de los más amables e inteligentes comandantes.

El barco de cabotaje llegó a Puntarenas, Costa Rica, donde desembarqué para pisar por primera vez tierra centroamericana: San Juan del Sur, y Corinto de Nicaragua en turno. En la quinta noche deberíamos haber echado anclas antes de las doce en la bahía de Amapala, pero una tremenda tormenta nos obligó a salir al mar. Casi era de mañana cuando el ancla estaba echada y un par de pequeños botes sacaron a amigos que esperaban abordar el barco. Grandes embarcaciones no llegan al muelle en Amapala.

No fuimos a tierra hasta las seis en punto. El amanecer sacó lentamente de la suave oscuridad —pues después de la tormenta había la tranquilidad infinita de una noche tropical sin luna— una dulce y feliz imagen: Isla del Tigre con su espléndido verdor, sus orillas soleadas invitando a un nuevo mundo. La extraña guarnición de soldados descalzos y en jeans llamó mi atención al desembarcar. Ellos desfilaron desde el cuartel hasta la plaza, se ejercitaron un poco, fueron inspeccionados y regresaron a sus habitaciones. A excepción de las notas de corneta y los suaves sonidos del mar, el lugar estaba completamente en silencio.

La calle principal aún mostraba signos de la tormenta de la noche anterior, pero el cielo era de un glorioso color azul celeste. Mientras el sol se alzaba gradualmente, la luz deslumbraba más sobre la tierra y el mar. El calor era intenso para los que estaban fuera de una sombra; pero debajo de una sombrilla o en la sombra de una entrada, uno solo sentía el viento puro y fresco del mar.

Permanecí en Amapala hasta el mediodía, cuando, habiendo desayunado cómodamente y pasar los escrutinios que eran costumbre, de nuevo me embarqué hacia el continente.

El desayuno, puede ser mencionado sin irrelevancia, consistió de huevos, pollo frito, ostras fritas, frijoles, tortillas, queso, un excelente pan, un super excelente café con leche y vino. Fue proporcionado por una especie de posada, dignificada con el nombre de "hotel".

El viaje hacia el continente[*] fue mi primera experiencia curiosa en el país. El bote aparentemente no era más que un gran árbol hueco. Tenía un capitán y media docena de remeros. Tenía una vela y una cubierta de lona, que, sin embargo, pedimos que se quitara, prefiriendo soportar el resplandor del sol sin obstáculos en lugar de excluir la espléndida brisa del mar.

El equipaje llenaba el fondo y nosotros nos sentamos sobre él. El capitán conducía a popa y los remeros ocupaban la parte de proa.

---

[*] Actualmente un pequeño barco a vapor hace viajes regulares de Amapala a San Lorenzo y La Brea.

Ellos fueron los primeros hijos color cobre de Honduras sobre los que hice algún estudio. Llevaban dos prendas —chaqueta y pantalón blancos— y un sombrero, comenzando.

Cuando les dio calor por remar, se quitaron la chaqueta y remaron desnudos, sin modestia alguna, orgullosos de sus bíceps musculosos y pechos bronceados como una estatua. Sus remos eran cosas de dos piezas en forma de escoba, que manejaban como escobas, recordándome a la anciana en la historia de Stockton, que se arrastró a tierra después del naufragio.

El viaje al continente fue lo bastante largo para ser tedioso, salvo por la diversión de observar a la tripulación. No remaban todos a la vez, sino que tomaban turnos para hacerlo, y poco a poco izaron la vela y dejaron que el viento nos llevara. El capitán mantuvo un semblante digno pero sonriente, y nos condujo lentamente hacia las verdes orillas del continente.

Eran las seis de la tarde cuando saltamos a tierra firme en San Lorenzo.

No era un gran lugar. Había una habitación, una bodega o almacén. Pero había dos jóvenes e inteligentes caballeros de habla inglesa para interpretar y dar puntos y, en resumen, comportarse de la manera más dulce hacia un recién llegado desconcertado.

La carga y las mulas de nuestro grupo estaban esperando; pero decidimos quedarnos en la bodega toda la noche y empezar temprano por la mañana.

Teníamos comida. Diré francamente que fue muy simple, bastante improvisada, cocinada en una de las estufas nativas al aire libre. Creo que consistía de huevos, tortillas, queso y café sin leche. Fue, sin embargo, muy satisfactoria, pues estábamos hambrientos.

La noche en la bodega no fue del todo placentera. Los forasteros dormimos en nuestras hamacas. Había siete personas, dos o más cerdos, media docena de pollos, un gallo que cantaba concienzudamente, y no pocos insectos. Me alegré mucho cuando el primer rayo de luz entró por las grandes grietas de la puerta. El cuidador de la bodega y su esposa se levantaron y fueron a hacer sus deberes. El resto de nosotros no tardamos en dejar la hamaca, y después del café y el pan dulce, estábamos en la montura.

Estoy listo para reconocer que, hasta ese momento, no sabía realmente lo que era cabalgar de verdad. No era para nada como tener un caballo noble en el camino de herradura de Central Park, o en los bulevares de alguna ventosa ciudad occidental. Era ser golpeado de arriba abajo sobre el viejo villano cuadrúpedo más duro de andar que alguna vez movió sus largas orejas o agitó sus talones en el aire.

El sol se volvía más caliente mientras cabalgábamos. El país estaba nivelado; el paisaje no era especialmente tropical. No había ninguna señal de alguna casa, pero de vez en cuando nos encontrábamos a un grupo de mulas y a sus dueños avanzando lentamente detrás de ellas. Siendo nuevo a espaldas de una mula, no me sentaba siempre de manera segura; mi sombrero caía sobre mis ojos, y un calambre me llegó a las rodillas. Estaba incomodo y cruzado antes de llegar a Pespire. Si hubiéramos hecho un tiempo bastante bueno, deberíamos haber llegado a Pespire a las diez u once a más tardar. Solo son veinte millas tierra adentro. El camino es excelente, siendo las primeras veinte millas del camino construidas por el presidente Bográn, de la costa a la capital, a un costo de cien mil dólares. Carretas de bueyes transitan por él, pero la mayoría de la carga es llevada en mula: dos paquetes o cajas de ciento veinticinco libras que constituyen una carga. Los extraños que vayan a Honduras siempre deben recordar llevar pequeños y robustos baúles de dos en dos, que no pesen más de cien o ciento veinticinco libras cada uno. Con el equipaje en esta conveniente forma, uno puede pasar fácilmente y sin demora. Las mulas se pueden obtener en Pespire, de cinco a diez dólares la pieza, para carga o transporte de pasajeros hacia la capital. He escuchado hablar de un pony exprés entre Tegucigalpa y San Lorenzo, pero el proyecto nunca se ha llevado a cabo definitivamente. Valdría la pena, yo creo, ya que hay una vasta cantidad de carga traída por barcos de vapor a Amapala y trasladada al continente en espera de su turno en la bodega por semanas, si no meses.

Recuerdo a un caballero que ordenó un traje de etiqueta desde Nueva York para el cuatro de julio. Fue enviado puntualmente y llegó a la capital en las fiestas navideñas.

No llegamos a Pespire hasta después de la una en punto, la hora más caliente del día. Encontramos una pequeña y bonita ciudad de adobe blanco, con una catedral al estilo arquitectónico morisco. Un río ancho pero poco profundo fluye por la ciudad. Las piedras blancas de su lecho brillaban deslumbrantemente en el sol de mediodía, y quien las toque es propenso a sufrir quemaduras graves.

Pespire es una de las principales ciudades del departamento de Choluteca. Pero no tiene hoteles. El mejor arreglo que puedes hacer te dará solamente un cuarto — sin muebles, pero con otros ocupantes — en el cual mecerte en tu hamaca. Si estás familiarizado con alguna de las principales compañías mineras, o traes cartas a sus gerentes, puede que seas acomodado con un cobertor y una manta o dos en una de sus agencias. Afortunadamente, yo estaba en esas circunstancias. No deseaba ni tenía planeado pasar la noche en Pespire. Nuestro plan era seguir hacia La Venta, doce millas más adelante, en un lugar que está a mil pies sobre el nivel del mar. Es aceptado, como regla, que los extranjeros que llegan por primera vez a Honduras se apresuren hacia el interior y permanezcan allí hasta que se aclimaten; no es que la costa sea un lugar tan letal como algunos dicen, pero por precaución. En el momento en que escribo, tenía más miedo que el común de las tierras bajas tropicales. El comentario de cierto caballero, quien, como gerente general de una importante compañía minera, tenía la costumbre de llevar un número de empleados estadounidenses con él cada año desde Nueva York hasta Honduras, tuvo una profunda impresión en mí. El comentario era que, habiendo desembarcado en tierras Hondureñas, no permitía que su grupo descansara ningún momento, día o noche, hasta que hubieran llegado a La Venta; *porque*, él dijo, *no llevaba ataúdes consigo.* Meses después descubrí su razón para esta horrible exageración por el hecho de que él deseaba evitar que algunas de las esposas de los empleados quisieran acompañarlos. "Las mujeres en un campo minero siempre traen problemas", él dijo.

Desayunamos en Pespire, en la agencia de la compañía minera. Fue especialmente bueno, o quizá estábamos muy hambrientos. Nadie más que los nativos tienen la peculiar habilidad de cocinar los frijoles para que puedas comer hasta llenarte y pedir más. ¡El café también era muy bueno! No puedo entender por qué se sirven decocciones tan viles a uno en ciertas líneas de barcos bajo el nombre de esta deliciosa bebida. Y en Honduras tuvimos la oportunidad de contrastar con la imitación de la última quincena.

Casi eran las tres en punto cuando terminamos. El cielo se había nublado. De pronto cayó sobre nosotros una espléndida tormenta tropical con reverberaciones atronadoras. Llovió abundantemente durante una hora o dos. El agente de Pespire nos convenció de que sería poco sabio volver a salir esa noche. Fue hospitalario con respecto a los catres y la ropa de cama y decidimos quedarnos y empezar temprano.

II
EN CAMINO HACIA LA CAPITAL

Es un viaje sencillo de Pespire a La Venta y, sin embargo, difícil. La distancia es poca: un estimado de doce millas. ¡Pero que altibajos! ¡Qué escaladas para elevarse a mil pies sobre el océano! Ahora la diferencia entre los dos mundos, el clima templado y el tropical, comienza a pesar sobre el viajero. Ahora, en la frescura de la mañana, antes de que el sol esté lo suficientemente alto para quemar tus hombros y brazos — los cuales serías sabio si los cubres con una larga toalla blanca — observas ambos lados de tu camino y empiezas a sentir una sensación de extrañez. El suelo tiene un curioso aspecto roto. Como me dijo una vez un caballero, parece como si manos Omnipotentes hubieran agarrado enormes masas de roca y tierra y las hubieran arrojado de un lado a otro para formar una región de locura, inexplicable y sobrecogedora.

Ahora el viajero comienza a darse cuenta por primera vez de la belleza de la mula. Esta belleza consiste enteramente en su pisada segura y sabia. Camina con cautela por el camino pedregoso donde hace un abrupto descenso; salta un feo bache; sube ágilmente por una colina; sigue con alegría y sabiduría, y piensa por ti, excepto en cuanto a cómo sentarte en la montura.

La Venta es una pequeña villa de adobe. Hay una posada, la cual es fácil de encontrar. Tus animales deben alimentarse y descansar aquí. La vieja mujer de la posada no es especialmente ágil, pero te puede dar un buen desayuno. Comimos los platos nativos: huevos, pollo, tortillas y frijoles. La casa solo era una cabaña de una habitación, limpia, con un piso de tierra. Una hamaca se mecía en el centro, en la que me acosté con cierta torpeza, según recuerdo, y en la que el desayuno apenas fue suficiente para tentarme a levantarme.

La anciana nos cobró de más por la comida, pero no nos quejamos. Empezamos valientemente otra vez. Esta vez debíamos recorrer una distancia mucho más larga antes del anochecer, diez leguas, unas treinta millas, que, con las doce de la mañana, haría la jornada de cuarenta y dos millas. Esto nos llevaría a Sabanagrande.

En este lugar había muchos estadounidenses de la San Marcos Mining Company, a quienes nos presentamos y nos sentimos seguros de recibir amables cortesías. En aquel entonces no había ningún hotel, como si lo hay actualmente. No avanzamos mucho esa tarde. Al principio el paisaje nos interesó, y cabalgamos lentamente para observarlo. La pita y varios cactus, de los cuales no sabíamos nada —ni siquiera el nombre— se volvieron frecuentes. El camino era bastante bueno, pero hubo mucha escalada y mucho más trote en pequeños declives, lo que para un viajero adolorido por la montura es todo menos una dicha. La tarde se fue. De repente llegó el anochecer. No habíamos llegado. Golpeamos a nuestros cansados animales y seguimos adelante durante una o dos horas más. Mi acompañante intentó animarme, pero yo estaba al borde del colapso cuando, por fin llegamos al pueblo.

La puerta de una de las casitas bajas se abrió mientras subíamos. ¡Había el resplandor de la cálida luz de la lámpara, las amables voces americanas y el olor a té recién remojado!

Nos estaban esperando, y la cena estaba lista. No sé si alguna otra cosa me supo tan bien como ese té. Nos quedamos en la casa recién construida de un caballero que estaba en un campamento a muchas leguas de distancia, pero quien, al saber que veníamos, amablemente nos había ofrecido su morada para pasar la noche. Tenía solo dos habitaciones, con paredes interiores enmohecidas y una puerta por la que la luz del día se colaba en amplias barras a primera hora de la mañana siguiente; pero estaba limpio, y había una cómoda cama, un lavabo y un pequeño espejo. Parecía recuperar la civilización.

La distancia con Tegucigalpa era ahora solo de treinta millas, en su mayoría un camino esplendido. Refrescado por un buen descanso y un sueño profundo —la debilidad muscular, habiendo desaparecido, como siempre ocurre después del segundo día en la montura— hicimos un excelente tiempo. Ahora estábamos en las alturas. En un punto podíamos ver Tegucigalpa brillando blanquecina en la distancia, a veinte millas de distancia. El cielo ascendió y sus rayos nos quemaron cuando salíamos de las sombras de los magníficos árboles; pero esto no nos molestó, pues el viento de las montañas soplaba de un lado a otro, refrescándonos y vigorizándonos. A medio camino de la capital estábamos galopando por Cerro de Hule, una gran cumbre similar a una mesa barrida por el viento, a cinco o seis mil pies sobre el nivel del mar. Aquí estaba deliciosamente fresco. Había una fina niebla en el aire. Una casa solitaria, conocida por mis acompañantes como posada, por previas investigaciones, se volvió visible al mediodía. Hicimos una parada breve y conseguimos leche y tortillas.

Desde Cerro de Hule a Tegucigalpa podríamos haber hecho un cuatro en mano. Ya vadeamos arroyos ni pasamos por senderos empinados y tortuosos. El camino ancho era blanco y liso, un verdadero bulevar. El lecho de la carretera parecía ser de piedra caliza. Había puentes capitales. Empezamos a ver propiedades cercadas, con paredes de piedra y setos de cactus, y también granjas y haciendas. La indescriptible opulencia de la naturaleza tropical era ahora más notablemente perceptible, porque contrastaba con los elementos de la civilización.

Empezamos a ver casas, lugares de aspecto confortable, la mayoría de un piso, sin duda, pero largos y amplios, con pórticos ventilados, en cuya sombra se balanceaban acogedoras hamacas. Construidos en adobe, como casi todos los edificios, y techados con las pesadas tejas rojas que cuestan alrededor de dos centavos cada una y se utilizan por miles para todas las viviendas, los interiores no podían ser más que impermeables por igual al calor o la humedad, y cómodos en proporción.

Eran más de las seis cuando cabalgamos por Comayagüela, esa parte suplementaria de Tegucigalpa que se encuentra al otro lado del Río Grande.

III
TEGUCIGALPA, CIUDAD DE LAS COLINAS PLATEADAS

Podría hacer un libro completo sobre esta pintoresca y tranquila ciudad. Está situada a unos tres mil doscientos pies sobre el nivel del mar sobre una meseta rodeada de montañas que se elevan unos tres mil pies aún más. Al norte e inmediatamente atrás de la ciudad se encuentra "La Leona", de formación volcánica. Arriba y alrededor de la ladera de esta montaña, se ve el camino de carretas blanco que conduce a San Juancito, a veinte millas de distancia, donde se sitúan las obras de la Rosario Mining Company. Mas tarde —aún no— partiremos allí.

Hay tres o cuatro hoteles buenos en Tegucigalpa. Si te detienes, como yo lo hice, cerca del palacio presidencial, estas casi en el centro de la ciudad, cerca de la oficina de correo, la plaza y la catedral.

Despiertas en contra de tu voluntad muy temprano por la mañana. Están tocando la diana en el cuartel. El sonido de la corneta se escucha tenuemente a la distancia. Abres tus ojos pesados y vez resquicios de luz en lo alto. Se hacen más grandes y brillantes mientras más miras. Los estudias sin comprender por un momento. De lo contrario, la habitación está oscura. Después de un rato, sales de la cama, buscas tus zapatos y te los pones con vagas aprehensiones de alacranes. Posteriormente vas a tientas hacia la ventana, que quizá es ventana y puerta a la vez. Luego de ir a tientas por un rato agarras un monstruoso perno de hierro y lo deslizas. Las pesadas contraventanas de madera —hay pocas ventanas de vidrio en el país— se abren de par en par. Toda la frescura de la mañana entra y te ciega por un momento. Te detienes asombrado por la belleza del cielo; respiras deliciosamente. ¡Oh, este es un clima que podría haber en el paraíso!

Ya —quizá son las seis— la gente está en las calles. Ellos se levantan temprano. Te vistes y te apresuras a ir al comedor. Es un lugar de aspecto simple con piso de imitación de piedra, algunas mesitas y sillas. Hay grandes ventanas con sus pesadas contraventanas abiertas de par en par, a través de las cuales el viento sopla con frescura y entra la agradable luz del sol. Si no te apresuras y tomas tu café y pan dulce o pan francés, corres el peligro de sentir un atópico apetito por el desayuno, el cual no es servido antes de las diez u once.

Después de tomar café harías bien en salir y ver la ciudad. Pero está extrañamente silenciosa, dirás. Aun así. No hay molinos ruidosos o fábricas, no hay silbidos de vapor, campanas de motor, ni siquiera el traqueteo de las llantas de carretas en las estrechas calles de Tegucigalpa. Solo hay pasos humanos y el sonido de voces humanas, o el suave pisar de caballos y mulas descalzas con sus cargas saliendo a ambos lados, o en raras ocasiones, un curioso carro de dos ruedas jalado por bueyes.

Aquí en Tegucigalpa —un nombre indio que significa: ciudad de las colinas plateadas— está la sede del Gobierno. Ese curioso edificio de dos pisos, pintado en un color rosa monótono, es el palacio presidencial. Es un edificio grande; sus paredes son tremendamente anchas, y el interior está bien amueblado. Aquí, durante ciertas horas del día, cualquiera puede tener una audiencia con un verdadero presidente americano, el general Don Luis Bográn.

Al pasar por la calle que lleva al fino puente de piedra que atraviesa el Río Grande hacia Comayagüela —el mismo río, de varios cientos de pies de longitud, en el cual navegaste hacia la ciudad en tu arribo— llegas a la oficina del correo y a la oficina central de telégrafos. El sistema postal es muy bueno, y el sistema telegráfico se supone que excelente, siendo el superintendente general de ambos un estadounidense, el señor Bert Cecil. Si sigues río abajo puede que veas a algunas de las lavanderas nativas batiendo la ropa hasta dejarlas blancas y sin mancha en las piedras debajo. Pero posiblemente prefieras regresar y echar un vistazo a la catedral. Este gran edificio blanco es del estilo Morisco. Tiene un reloj y una campana que suena con más energía que melodía. Es muy vieja. No hay asientos; la gente piadosa se supone que debe arrodillarse y rezar cuando están en la iglesia. Hay un altar que, dicen, fue una vez de oro sólido, pero la mayor parte del precioso metal ha desaparecido con el paso de los años.

¿Quieres visitar la universidad después? Está cerca del palacio. ¿Deseas ir a un seminario de señoritas? Hay uno llamado "El Progreso". Hay ochenta a cien pupilos. La directora es la Srta. Jesusa Medina, una joven encantadora e inteligente —para nada el tipo de maestra remilgada y meticulosa que conocemos en los Estados Unidos— quien habla inglés con gracia, habiendo recibido su educación en Guatemala. En este seminario se enseñan las materias principales, lenguajes, y una buena cantidad de trabajos manuales útiles y ornamentales.

Antes de salir a conocer la ciudad, probablemente hayas conocido a un caballero a quien no dudo en estilizar el ángel bueno de los extranjeros en Honduras. Este es el Doctor Reinhold Fritzgartner, geólogo del Gobierno, inspector general de las minas, y editor del *Honduras Progress*, un valioso y necesario periódico bisemanal impreso en Inglaterra. El doctor Fritzgartner es prusiano de nacimiento, pero estuvo algún tiempo en los Estados Unidos. Es un lingüista capital, y su buena naturaleza al interpretar para los indefensos recién llegados es infalible. Si por alguna razón no has conocido a este caballero, deberías apresurarte a hacerlo.

Enfrente de la catedral está el parque Morazán, con la estatua de Morazán en el centro. Grande es el nombre de este héroe, y grande su gloria en la tierra de su nacimiento, cuarenta y siete años después de su cruel muerte en otra república. Su tumba, dicen, está en El Salvador. Pero su estatua, una figura ecuestre de bronce, está allí en el parque de Tegucigalpa, y su nombre recordado, como el de Washington en Estados Unidos, con amor y reverencia, casi medio siglo después de su caída en el mercado San José de Costa Rica. Morazán era un soñador. Tenía la cara de un poeta. Los hondureños han puesto su rostro en todas las denominaciones de estampillas del correo. Cuando fui a casa a tomar el desayuno después de ver la estatua, escribí una rima que se había cantado en mi cerebro en el parque. Era como un eco de lo que había estado escuchando sobre el héroe de la independencia centroamericana, Morazán.

Hay otras estatuas en el parque: cuatro, una en cada esquina. ¡Representan las cuatro estaciones! A quién se le ocurrió ponerlas allí, no lo sé. Son imágenes blancas hermosas, pero un poco incongruentes en la tierra del eterno junio.

Frente a las calles que delimitan el parque o la plaza se encuentran algunas de las principales tiendas y comercios. Muchas de estas ocupan la parte baja de las residencias de los dueños, pues hay algunos edificios de dos pisos, aunque un solo piso es la regla. Las casas están construidas a la misma altura que la calle, los patios son muy grandes y usualmente tienen hermosos jardines con árboles de naranjas y granadas. Cuando las familias hacen un baile, el patio se ilumina con linternas japonesas, y sirve como invernadero para que los amantes puedan pasear y susurrar.

La vida social de Tegucigalpa es encantadora. Los bailes y las bodas son eventos frecuentes. Las bodas son eventos de mucho regocijo. Duran doce horas, empezando usualmente a las ocho de la tarde. A esa hora, con los amigos invitados habiéndose reunido en el hogar de la familia de la novia, la ceremonia civil se lleva a cabo con todas las formas debidas. Después de esto, el sacerdote llega y efectúa la primera parte de la ceremonia religiosa. Luego hay una especie de intermedio. La pareja aún no está completamente casada. Sin embargo, el baile y el banquete comienza. La champaña fluye sin límites; los discursos y los buenos deseos son aún más abundantes. Lo mantienen con entusiasmo inquebrantable hasta altas horas de la madrugada. A las cuatro en punto la campana de la catedral comienza a sonar y los convoca a ese lugar santo. Las damas se envuelven en la cabeza y los hombros, y los novios encabezan una larga procesión, todavía vestidos de gala, por las calles silenciosas. El sacerdote los encuentra justo en la puerta de la iglesia. Lee una pequeña plegaria y entonces le da trece monedas de oro al novio. El novio las deja caer en las manos de la novia, diciendo: "Esposa, toma estas como significado de nuestro matrimonio". Y la novia responde: "Esposo, las acepto". Enseguida siguen al sacerdote hacia el altar. Un velo blanco es puesto sobre la pareja y una cadena dorada los rodea. Quedan así envueltos y ligados con grilletes de oro mientras se dice la misa. Y así, al fin, están casados. Para este momento ya es pleno día. Dejando la iglesia prosiguen hacia su nuevo hogar, el cual está listo para ellos. Aquí se otorga un desayuno de bodas para ellos y sus amigos más íntimos. Uno de los platillos que nunca falta son los nacatamales, tan apreciados por todos los centroamericanos.

Hay mucha felicidad doméstica en Honduras. La pareja recién casada se quiere mucho, son felices y muy devotos a sus hijos. Las parejas de amor son la regla. Los bailes de las festividades navideñas y también los del 15 de septiembre, que usualmente se lleva a cabo en el palacio, son siempre muy placenteros. Para ser realmente feliz en Centroamérica, uno debe bailar. Es la gran diversión. Hay un buen teatro en Tegucigalpa pero, para disfrutar completamente la obra, debes de entender algo de español.

He escuchado extrañas teorías de tesoros enterrados siendo descubiertos bajo más de una vieja casa en Tegucigalpa. Nunca ha estado claro para mi cuándo o por qué fue enterrado allí. Parece ser que fue escondido por los dueños en tiempos de guerra, cuando fueron obligados a huir rápidamente, esperando, sin duda, regresar después. He escuchado de personas que compran lugares viejos y se vuelven ricos de pronto mediante excavaciones prudentes. He oído de otros que cavaron con tanta fuerza que debilitaron las casas, y estas se derrumbaron, ruinas totales, sin rastro de una moneda de ninguna descripción.

Me gustaría poder dar una clara idea de las casas de Tegucigalpa. Las de un solo piso tiene de quince a dieciocho pies de altura, es decir, desde la acera hasta el alero del techo de tejas, que se inclina hacia la calle y se proyecta sobre el pavimento de cera o ladrillo. La acera rara vez es lo suficientemente ancha para que dos personas caminen una al lado de la otra. La casa está construida de adobe, lo que significa, bloques de tierra mezclada con hierba dura y secada al sol. Los bloques son generalmente de dos pies de largo por uno de ancho por seis pulgadas de grosor. El exterior tiene un acabado liso, blanqueado o pintado. Por dentro, las paredes están emplastadas y empapeladas generosamente. Las ventanas raramente tienen vidrio. Las contraventanas se abren hacia adentro y son cosas tremendas con enormes cerrojos. Por fuera, todas las ventanas son fuertes rejas de hierro. El ancho de las paredes de la casa hace que las ventanas sean los rincones más bonitos para sentarse. En cuanto a muebles, las alfombras no se usan mucho. Hay una gran cantidad de esteras de paja y cantón, y los tapetes son usados. Los petates nativos, o esteras tejidas de paja y de colores brillantes, son bonitos y económicos. Las sillas de madera curveada y los sofás son importados en grandes cantidades desde Europa. Los pianos son numerosos, curiosamente, cuando se sabe cómo se traen desde la costa. Y Tegucigalpa tiene muy buenos músicos. Hay un joven pianista, el Sr. Meany, cuya manera de tocar llamaría la atención en Nueva York o Londres. Las velas se usan frecuentemente como luces, pero también hay bellas lámparas. El queroseno es costoso. Las habitaciones son amplias y ventiladas. Hay un porche interior en los cuatro lados del patio. Las puertas de todos los cuartos abren hacia este porche. Hay algunos patios feos y descuidados, y algunos que son muy hermosos con flores y árboles frutales.

Además de la catedral, en Tegucigalpa hay cuatro o cinco iglesias. Hay un hospital, y a principios de enero de 1889, el presidente Bográn mismo puso la primera piedra del nuevo orfanato. Hay una buena librería en conexión con la universidad, y muchos periódicos. *La Nación* y *La República* son los principales. El *Honduras Progress*, el primer periódico inglés emitido en Centroamérica, está lleno de información valiosa para los extranjeros.

IV
SOL Y TORMENTA

Al principio se me dificultó entender las estaciones. Llegando en un mes que en el norte significa la mitad del verano, me dijeron que aquí era invierno, y que el verano, que empezaba en noviembre y duraba hasta mayo, sería más placentero. Sentí como si las personas que me decía esto estaban cometiendo un error. ¡Agosto siendo un mes de invierno! Viajar, aprendí, sería malo en los siguientes tres meses. Los caminos estaban lodosos y, en algunos lugares, el lodo llegaba arriba de las rodillas de los caballos...

En la costa norte es distinto. Hace calor. Sin embargo, la gente que vive en Trujillo no piensa que el clima sea malo. En Puerto Cortés, el viento del mar es constante y refrescante. No me sentí incomodo allí ni en San Pedro Sula, treinta millas adentro. El único momento en el que realmente sufrí de calor en Honduras —el único momento memorable— fue por el río Ulua, a mediodía, sentado bajo un gran árbol limonero. Justo en ese lugar, junto a la casa del barquero, al que llegaremos en un capítulo posterior, el camino se curva de modo que no hay paso de aire. Ese día no hubo ni un respiro; el sol estaba caliente, sofocante. Me senté inmóvil, sudando de cara poro; los limones calientes caían a mi alrededor, como si ellos mismos sucumbieran.

Una tormenta nunca es muy aburrida en Honduras. Si sales a dar un paseo, lleva una manta de goma, lo mejor es una que no se abra al frente. Si empieza a llover muy fuerte, refúgiate debajo del techo de algún amigo. Si llueve en la ciudad, no salgas hasta que se detenga. La única lluvia provocadora que puedo recordar durante todos los meses que pasé en Honduras, fue una que comenzó puntualmente a las siete y media de la tarde del día 10 de septiembre. Era la noche del día de la independencia y había un gran baile en el palacio presidencial.

Yo formaba parte de un grupo que iría. A las ocho en punto la lluvia seguía cayendo a torrentes. Ahora, la parte molesta era que ¡una de las damas de nuestro grupo tenía que abrir el baile con el presidente! Por lo tanto, no podíamos llegar tarde. ¡Imagínese a seis u ocho damas y caballeros vestidos de gala desfilando por la calle en medio de una tormenta! No había carruajes, ni siquiera una carreta de bueyes. No hubo otra manera más que cargar a las damas en sillas. Se consiguieron, me refiero a sillas, y rápidamente se contrataron seis mozos robustos.

Cada dama estaba sentada cuidadosamente; su cola de raso y tul, su abanico, guantes y flores cuidadosamente colocados en su regazo, y una capa de goma sobre ella. Se les daba un paraguas. La procesión empezó. Dos de las damas, incluyendo la que tenía que bailar con el presidente, eran ligeras; la tercera era más bien pesada. Los mozos que cargaban a esta dama se quejaban y resbalaban y, finalmente, cayeron la dama y los mozos y todo a mitad de la calle. Afortunadamente nadie salió herido, y ninguno de nosotros se rio más del recuerdo, durante los días posteriores, que la propia dama.

Muchas personas tienen un terrible miedo de Honduras pues lo ven como un lugar insalubre. En la mayoría de los casos, ese sentimiento es injustificado. Ciertamente es un buen plan ir al interior del país rápidamente al llegar al país. Pero las tierras de la costa no son de ninguna manera regiones tan mortíferas, teniendo los cuidados propios para vivir. Espera hasta haber estado dos o tres semanas en los trópicos antes de comer alguna fruta a la que no estés acostumbrado. Ten cuidado de no tomar agua impura sin hervirla antes. El agua cristalina de los arroyos de las montañas no es peligrosa. Evita mojarte y enfriarte. Si quedas atrapado en la lluvia, toma inmediatamente un poco de brandy. No comas mucha comida animal; si lo haces, te puedes volver bilioso. Se moderado en el consumo de licor. El aguardiente de Honduras es muy fuerte, y debe ser tomado con cuidado. El guaro es mejor en la botella que en la garganta.

Nadie que haya estado en Honduras puede ignorar la perfección del clima del interior para restaurar la salud de aquellos que sufren de problemas respiratorios. La atmosfera pura y suave de estas altas altitudes es la mejor cura posible para las tendencias de consumo. Las personas, de hecho, cuyos pulmones ya están gravemente afectados, pueden esperar una recuperación completa aquí entre estos bosques de pinos y robles de tierras altas. Para ellos, una altitud de tres a cuatro mil pies es la mejor región. En esta temperatura fresca y uniforme, deben usar ropa interior de franela ligera y dormir con suficiente ropa durante las noches realmente frías. El baño diario en los arroyos de la montaña, y no montar demasiado, les dará un apetito inaudito y hará de ellos nuevas criaturas en poco tiempo. Octubre es probablemente el mes más bonito en Honduras. Después de los largos meses de la temporada de lluvia, el paisaje es encantador. El aire es más puro, pues la lluvia a lavado todo el polvo. Millas y millas a través de espléndidos valles esmeralda están montañas distantes veladas en zafiro y azul. A veces, más allá de las nubes nevadas bajas, se elevan picos de color verde oscuro como islas en un mar aéreo. Las flores están en su mejor momento.

Los bordes de las carreteras en algunos lugares brillan de amarillo y escarlata. En otros lugares más sombríos hay helechos y orquídeas. En la ladera de la montaña, donde mil pequeños arroyos fluyen constantemente por tu estrecho sendero, hay cabello de doncella, delicado y hermoso más allá de toda descripción: cantidades inagotables. Y mezcladas con ellas hay begonias que instantáneamente anhelas transportar al norte. Más adelante hay helechos gigantes, árboles increíbles que te hacen mirar. En otro lugar encontrarás zarzamoras silvestres: arbustos y matorrales, ilimitados y desatendidos. Pero es la misma vieja zarzamora —roja cuando está verde— que has comido todos los veranos de tu vida desde que eras lo suficientemente mayor, en el norte. Los nativos la llaman mora. Y en todas partes verás la mimosa, la planta sensible, que en los trópicos se convierte rápidamente en un árbol, y no se estremece ni retrocede tan fácilmente ante un contacto grosero. Hay dos especies, una con pequeñas bolas peludas rosadas, y una cuyas bolas peludas son amarillas.

¡Oh, qué hermoso es el octubre primaveral de las tierras altas de Honduras!

V
CÓMO ESTAR CÓMODO

Una gran cantidad de extranjeros va a Honduras, dejando a sus familias en Estados Unidos. Unos pocos llevan a sus esposas e hijos con ellos. No hay razón para no hacerlo. Con un poco de previsión, la vida puede ser tan agradable para una mujer como para un hombre. Pero, sin duda, hay mujeres que no se contentan fácilmente. Si vas a Honduras listo para gemir y refunfuñar por cada bagatela, dispuesto a creer que los habitantes son unos salvajes y firmemente convencido de que el clima es mortal y, en resumen, todo "horrible", no es probable que te sientas cómodo o que hagas que alguien más lo esté. Ve alegre, dispuesto a prescindir de la luz de gas y los tranvías, también matinées (excepto en Tegucigalpa), ostras frescas (excepto en Amapala), exposiciones de arte, manzanas verdes y mantequilla estadounidense (excepto en latas de Estados Unidos), y puedes estar tranquilo, si no absolutamente feliz.

Si te vas a quedar cualquier cantidad de tiempo en cualquier lugar, tienes que encontrar una casa. La renta varía. En El Valle de los Ángeles puedes conseguir una habitación entre cinco a treinta dólares por mes. En Tegucigalpa se alquilan casas desde diez hasta ciento cincuenta dólares. Suponiendo que tomas un lugar que tiene un acabado bastante tosco por dentro, de hecho, fuera de Tegucigalpa o Comayagua, las casas no son, por regla general, muy artísticas. En tal caso, querrás tener una buena cantidad de cretona para cortinas y cortinas y mantos. Querrás un montón de cortinas de muselina o de encaje. Las alfombras harán que los pisos sean cómodos. Los vestidos de las damas y los niños deben ser todos de materiales de verano. No dejes que nadie te convenza de llevar trajes de primavera. Quieres ropa de junio o julio. Necesitarás sombreros para el sol; muchos parasoles y paraguas; suficientes zapatos y botas para durar un buen tiempo; mantas de goma de la mejor calidad posible —las baratas no soportarán el clima—sábanas y fundas de almohadas, mantas y fundas de cama también. Las hamacas y las sillas de vapor son las cosas más bonitas del mundo para una casa en Honduras. Algunas pequeñas chucherías e imágenes harán que las paredes desnudas sean más hogareñas. Si yo fuera una dama yendo a Honduras con mi esposo, llevaría dos o tres bonitos vestidos de noche conmigo, porque las personas que pueden y vienen bien presentadas son tratadas muy amablemente de manera social, y no siempre hay tiempo para hacerse un vestido para una fiesta; además, ¡cuánto mejor tener el último estilo de Nueva York. Y llevaría varios pares de guantes de piel, que son los de mejor apariencia para la temporada de lluvias tropicales.

Pero sobre una vida cómoda: teniendo la casa, debes tener uno o dos sirvientes. Trabajan por salarios bajos, pero no te molestes con los hombros desnudos y los pies descalzos de tu ayudante de cocina. Solo asegúrate de que estén limpios de pies a cabeza; eso es todo. Su camisa debe estar impecable y su falda de percal no debe arrastrarse hacia atrás barriendo el polvo. Deja que ella cocine los frijoles y las tortillas. Enséñele otras cosas amable y repetidamente, y no pierdas la paciencia. Ve por la cocina (hablo ahora en beneficio de la mujer del extranjero) con tu libro de español en la mano, dando órdenes lo más gramaticalmente posible; y de repente te sorprenderás de lo bien que hablas y entiendes el idioma. Sé tan amable como puedas con tus sirvientes nativos. Los hondureños, aun los de la clase más baja, son tan orgullosos como Lucifer mismo. Nunca puedes forzarlos a hacer nada. Por otra parte, mostrarán una gran devoción hacia el empleador por el que sientan afecto.

Para estar cómodo, uno debe respetar debidamente al hombre interior. ¿Qué se come en Honduras? Hay buena carne de res y, ocasionalmente, ternera. Aún no hay cordero; hay pocas ovejas en el país. El cerdo es bastante caro. Los nativos hacen una salsa muy buena. Los sesos y las mollejas bien cocidas son platos sabrosos. La iguana, cuya carne es blanca y delicada, no está nada mal, y hay cierto tipo de mono que no hay que despreciar. El Sr. E. W. Perry dice que "el mono hervido, tierno y gordo de tanto banquetear con zapotes y otras frutas dulces y saludables, es una comida deliciosa. Hay otra excelente razón por la que las personas que podrían tener una aversión a una dieta de un antepasado incluso tan remoto deberían comer la grasa del mono de vientre blanco. Su aceite es un remedio superior para el catarro y dolencias afines, y es mejor que el aceite de hígado de bacalao para curar el consumo".

El mismo caballero habla favorablemente del armadillo, horneado en su armadura escamosa de muchas bandas. El pavo salvaje es muy bueno, y el tepescuintle sabroso. En cuanto a los vegetales, es un buen plan tener tu propia huerta, cultivando tus propios tomates, judías verdes, rábanos, lechuga, perejil, cebollas, remolacha, repollo, pepinos, calabazas y demás. Todas estas cosas crecen como por arte de magia. Solo tienes que regarlas y cuidar que las hormigas no lleguen a ellas. Si despiertas una mañana y descubres a mil de estos ocupados insectos llevándose tus preciados vegetales, no te asustes ni llores. Ve y encuentra a un mozo. Ofrécele dos o tres dólares para descubrir y remover el nido de las hormigas. Él lo hará efectivamente, y después puedes pagarle. Con un poco de problema, puedes obtener entonces todos los vegetales que desees todo el año. La harina es cara. Harás bien al comprar tu propio pan. Tienen un secreto para hacerlo, con clara de huevo, me imagino. Hablando de huevos, si es posible ten tus propias gallinas, y cría pollos para tu mesa. El arroz es abundante y barato. Los plátanos fritos son platillos que pronto apreciarás. Los mangos maduros cocidos son inofensivos y vale la pena probar el pastel de mango verde. Los higos guisados son deliciosos. Piña, anonas, zapotes, aguacates, jocotes, naranjas y los limones son abundantes en los mercados y cuestan poco. Entre las frutas familiares para los extranjeros están los duraznos, que se cortan verdes y duros, y deben ser siempre cocidos. No sé por qué los nativos no los dejan madurar. También hay membrillos, pero estos cuestan más. La zarzamora crece libremente a cuatro mil pies de altitud. Las niñas las cosechan y las llevan a vender a tu puerta. Por un *real* (doce centavos y medio) puedes comprar bastantes. Las sandias, en su temporada, se pueden obtener por veinte o veinticinco centavos la pieza. Son pequeñas pero de buen sabor.

Ahora, algunos platos puramente nativos: la tortilla, el tamal, los frijoles y la "cena hervida" española. El maíz es sin duda el alimento básico del país. Un requisito para tu cocina es el metate, o la piedra de moler. Esta es una piedra de dos por dos pies y un poco cóncava en el centro. Lleva su propio rodillo de piedra, Sobre esta piedra se preparan las tortillas, y si no tienes un molinillo de café, lo puedes moler allí. Lo primero en hacer tortillas es cocinar la mazorca de maíz en agua con limón o agua con un poco de ceniza. Los granos se desprenden fácilmente en la forma que llamamos maíz descascarado. Estos se colocan en la piedra y se muelen hasta formar una pasta con el rodillo de piedra. Cuando no quedan granos, el rodillo se deja a un lado. La masa humead se toma en pequeñas porciones y se palmea con las manos hasta formar una torta pequeña y redonda de cuatro a ocho pulgadas de diámetro. Estas se cocinan rápidamente en una piedra o sartén delgada sobre el fuego; y mirad ¡la tortilla! El tamal es diferente. Consiste de la masa hecha en rollos, colocada en hojas largas y gruesas o en hojas de maíz duras, y cocidas durante un buen tiempo. Pero siempre se le agrega carne finamente picada o pasas antes de hervir. Los tamales de pasas son poco más que budines indios hervidos. Una bebida nativa agradable se prepara mezclando pinole en un vaso de agua y endulzándolo. El pinole son granos secos de maíz molidos hasta obtener un polvo fino. Dicen que el pinole también hace un buen pudín.

El Guabul es el nombre de una bebida de la costa de Mosquito. Es hecha del butuco, un plátano grueso y achaparrado con un sabor ácido. Este butuco se puede comer frito o cocido, con un sabor como el durazno cocido o manzanas fritas, respectivamente. La bebida se hace hirviendo la fruta y haciéndola una papilla, después mezclándola en agua fría, añadiendo un poco de jugo de juicio y adulzando al gusto. Siempre se comen frijoles o judías negras en el desayuno. Son hervidos primero con una pequeña pieza de puerco. Luego se aplastan con un triturador de madera. Después de esto, colócalos en un plato hondo de barro si es posible, agrega suficiente manteca, algunas rodajas de cebolla y cocina un poco. La comida hervida de las tierras tropicales es tan detestable como la comida hervida de Nueva Inglaterra. Consiste de un pedazo de carne con un poco de hueso y grasa, algunos plátanos, batatas, un poco de yuca, algo de ayotes y chayotes, calabazas nativas, y cualquier otra cosa que el plato requiera.

Durante muchos meses del año la miel es traída a tu puerta en botellas. Es miel silvestre de un excelente sabor. Es fácil obtener buen café y chocolate. La azúcar fina es cara. Se puede usar el dulce nativo. Si quieres un buen té, tienes que llevarlo contigo; en Honduras no conocen el té muy bien. La mantequilla y el queso nativo son buenos. La leche la debes comprar temprano. Las vacas son ordeñadas una vez al día. En algunas localidades es imposible conseguirla pero, generalmente, te la pueden llevar por diez a quince centavos la botella. Cualquier liquido es traído en botellas, encontrarás botellas de vino, whisky y cerveza, cuyo contenido original fue absorbido hace mucho tiempo, y cuyas asombrosas cifras sugieren toda clase de pensamientos sobre una notable sed en la tierra.

PARTE II

PIEDRA Y RÍO

I
LAS MINAS MÁS VIEJAS

La gran atracción de Honduras para los extranjeros y la inversión extranjera ha sido hasta ahora los metales preciosos que están encerrados en el seno de las poderosas cordilleras o escondidos en las arenas en el fondo de los ríos que fluyen hacia el norte. Hasta hace muy poco se ha prestado poca atención al tema de la colonización con fines agrícolas, aunque las tierras bajas brindan magníficas ventajas para esto. Las minas han sido la cuestión vasta y absorbente, desde principios del siglo XVI, cuando Colón apareció con sus aventureros seguidores para descubrir y conquistar otro mundo.

Los primeros cincuenta años de la industria española se dedicaron sin duda a la explotación de placeres en los ríos no lejos de la costa norte. Entonces se descubrió la plata, pero no se hizo ninguna acción para minarla hasta principios del siglo diecisiete. Los primeros pasos hacia esto se dieron en medio de las montañas al este de lo que ahora es la capital, y en los distritos o *minerales* hoy conocidos como los de Santa Lucía, San Juan de Cantarranas y San Juancito. El último lugar nombrado es ahora el sitio de las obras de Rosario, probablemente hasta ahora el mejor desarrollado y el más exitoso de todo Honduras. Antiguamente, al salir de la capital, había que pasar por Santa Lucía y Cantarranas o El Valle de los Ángeles para llegar a San Juancito; pero durante los últimos tres o cuatro años se ha completado un nuevo camino para carretas que conduce directamente desde Tegucigalpa. Este camino sube por el lado de "Leona", curvando ahora de un lado a otro a lo largo de sus muros de piedra caliza blanca por algunos kilómetros, luego se sumerge en un agradable bosque; a través del bosque, y de nuevo a agradables pastos y campos de maíz ondulado; arriba y abajo en espacios boscosos más salvajes y grandiosos; arriba para un último ascenso, y luego se llega de repente a la mina Rosario, desde la cual a San Juancito el camino no es más que un descenso de mil pies en el curso de tres millas. Durante ocho o nueve años la Rosario Company tuvo poco que mostrar por el trabajo arduo y el gasto constante en mano de obra y mejoras. Hoy la producción de lingotes es de más de cien mil...

Aquí están las minas de Las Animas. Los hornos de treinta toneladas son utilizados por Los Ángeles Mining and Smelting Company, y emplean energía tanto de vapor como de agua. El superintendente es el Sr. N. A. Foss. Los edificios de la empresa son cómodos y la gestión es prudente.

Continuando desde el hermoso valle, se llega a Santa Lucía, un pintoresco pueblito de adobe blanco, enclavado en medio del verde de los campos de café y plátanos. Su sitio está en una de las faldas de las montañas de Cantarranas, y su altitud es de unos cuatro mil quinientos pies sobre el nivel del mar. Es uno de los campos mineros más viejos del país. Hay una serie de aberturas antiguas abandonadas por los españoles que se ven en todo el tramo, algunas de ellas derrumbadas, otras tal como las dejaron. El actual trabajo principal se inició con la conducción de un túnel de más de doscientos metros en la montaña. Este túnel atraviesa estratos que contienen grandes depósitos de mineral de plata de alta ley. Se ven verdaderas vetas de fisuras en la superficie, que no difieren de los depósitos. La plata de rubí y los sulfuritos se encuentran en el mineral, cuya ganga es principalmente marga, calcita y cuarzo. La Santa Lucia Mining and Milling Company fue organizada originalmente en Nueva York, pero ahora la manejan capitalistas de Pensilvania.

En el distrito de Santa Lucía también se encuentra La Plomosa, una propiedad principalmente del Sr. Frederick E. Adie, de Londres, y el doctor Fritzgartner, de Honduras. Algunas muestras extraídas últimamente de aquí han arrojado una y tres décimas de onzas de oro a treinta onzas de plata. La veta (diez pies de ancho) tiene un promedio de cuarenta dólares en plata, con una cantidad considerable en oro. Se está organizando una compañía en Londres para trabajar la concesión. En la misma jurisdicción está la mina

Santa Elena, trabajada por la Victoria Mining and Milling Company, de la cual el Sr. Thomas D. Wayne, de Chicago, es el presidente.

Otra vieja mina es la de Guasucarán. Esta está situada en la montaña Guasucarán, veintisiete millas al sur de Tegucigalpa y cincuenta y siete millas al interior desde el puerto La Brea, en el Golfo de Fonseca. La altitud es de unos cinco mil pies sobre el nivel del mar, y la vieja mina tiene una historia curiosa. Se cuenta que a principios del siglo dieciséis, un grupo de españoles iba del interior hacia la costa, y se perdieron en la ladera de la montaña. Ellos acamparon allí mientras llegaba la noche. A la mañana siguiente encendieron un fuego para cocinar algo para el desayuno, y luego descubrieron en las cenizas de su fuego unas pequeños lingotes plateados. Examinaron la piedra y la encontraron cubierta de pequeñas gotas de plata. No dijeron nada, pero algunos del grupo regresaron a España y obtuvieron una patente para trabajar la mina y para introducir un buen número de esclavos para la obra.

En 1821, cuando se declaró la independencia, el propietario era un señor Rosa. Este caballero huyó del país y la mina quedó en manos de los nativos, que la trabajaban pausadamente de una forma primitiva. De 1850 a 1860 fue trabajada por el capitán Moore, un inglés, quien la compró por sesenta mil dólares. En 1860, el Sr. John Connor vino desde Londres y se unió al capitán Moore, que murió en 1865, y dejó todas sus propiedades hondureñas al Sr. Connor. Este último señor lo ha trabajado desde entonces a la manera primitiva y autóctona, con una arrastra, un molino de madera de cinco cilindros y barriles para amalgamar. El desarrollo actual de la mina consiste en cincuenta y tantos derivas y cortes transversales, de doscientos a seiscientos pies de largo, con treinta partidas, todas en mineral, de las cuales se pueden extraer cien toneladas diarias por tiempo indefinido. Los "bolsillos" valoran entre cuatrocientos y quinientos dólares por tonelada, y el mineral tiene un promedio de cuarenta dólares. Se ha formado recientemente una compañía conocida como la Guasucarán-California Mining and Milling Company. El Sr. John Connor, Jr., es el superintendente. Se está construyendo un molino de diez sellos, con caldera, aserradero y planta de lixiviación. La nueva compañía ha conseguido una concesión de una tierra adyacente en el departamento de Tegucigalpa y jurisdicción de Ojojona.

II
MINAS IMPORTANTES

Yuscarán es, quizá, el siguiente lugar que deberíamos visitar. Yuscarán es la ciudad principal del departamento de El Paraíso. Está al este y un poco al sur de Tegucigalpa, a una distancia de alrededor de treinta millas. Su altitud es la misma que la de la capital, y por lo tanto el clima es bueno. La ciudad está tan escondida por las montañas que, mientras te acercas, no tienes idea de su proximidad hasta que de repente la vista estalla sobre ti. Durante los pasados seis o siete años Yuscarán se ha convertido en algo así como un centro de negocios, debido a la actividad minera. "El mercado", dice el Sr. Lombard, en un interesante artículo, "permite un intercambio de productos para todo el departamento de El Paraíso; todos los pueblos del gran asentamiento indio de Texiguat a Danlí, el centro del distrito cafetero, enviando cada semana sus diversos productos allí. En las amplias llanuras que rodean a este importante poblado no sólo se cultiva el mejor café de toda Centroamérica, sino también una caña de azúcar de calidad superior, en tal cantidad que el aguardiente o ron nativo que se destila de ella es suficiente para abastecer la demanda de la población de todo el departamento de El Paraíso, y también la del departamento de Tegucigalpa".

Parece que las minas de Yuscarán fueron descubiertas en el siglo dieciocho, por un tal Juan Calvo. Él iba cabalgando por un paso en las Montañas de Plata, y su mula tropezó y se cayó. Calvo salió ileso; la mula rodó hasta el fondo de la pendiente. Calvo bajó para recuperar al animal y notó un trozo de roca desprendida brillando al sol. La tomó y descubrió que era mineral de plata. Se fue en silencio con su mula. Unos días más tarde, regresó con herramientas rudimentarias y empezó a trabajar en la veta que había descubierto. En unas pocas semanas se sabía que poseía grandes sumas de dinero, que gastó de manera bastante pródiga. Sus acciones levantaron sospechas. Sus conocidos empezaron a observarlo de cerca y así su secreto fue descubierto. Como no había tomado medidas para obtener una patente, otros se reunieron de todos lados y comenzaron a trabajar en la mina, que en aquel tiempo se llamaba Los Quemazones. Se descubrieron otras vetas, siendo las más importantes las de Guayabillas, Monserrat, Iguanas, Sacramento, Santa Elena, Jesús, Tornagas, San Miguel, California, Suyate, Capiro, Platero y Veta Grande. Yuscarán tomó importancia como ciudad; se construyeron casas y se pavimentaron calles; y no se dejó fuera a una Catedral. El entorno natural fue y está excelentemente adaptado para un pueblo minero. Hay tres ríos cerca: el Río Grande, el Río Aurora y el Río de los Ingenios. Hay bosques de pino en las montañas y bosques de madera dura en los valles.

Las principales compañías mineras que trabajan en este lugar son la Zurcher & Streber Mining and Milling Company, la Monserrat Mining Company y la Guayabillas Mining Company. También está, creo, la Paraíso Reduction Company, que tiene un molino de veinte sellos cerca de Yuscarán. La Zurcher & Streber Company está trabajando el túnel Iguanas y el Mercedes, con ricos resultados. El Monserrat, según los últimos informes, había desarrollado una bonanza a trescientos metros debajo de la montaña, donde dos vetas convergentes de cuatro pies se encuentran y continúan como una sola. El mineral muestra plata rubí y valores desde doscientos dólares hacia arriba. La empresa gestiona veinte sellos día y noche.

Las Guayabillas se trabaja con bombas de Cornualles. Esta es la famosa mina antigua en la que, en los años 1813-17, la producción superó los dos millones de dólares.

Al sur de Yuscarán, a unas sesenta millas se encuentran las minas del distrito de Potosí, un terreno que contiene nueve millas cuadradas y comprende las siguientes minas: El Tajo, El Socorro, Los Corales, La Loma, La Mina Grande, Guadalupe, San Benito, Santa Rosa, Los Melones, El Chaparro, Jiganta, San Rafael y El Carmín. Todas han sido trabajadas a una profundidad de cincuenta a doscientos pies. La mina San Benito y la Jiganta fueron abandonadas porque el mineral era muy difícil de obtener con métodos nativos. El Socorro está inundada. La Guadalupe Mining Company, Limitada, de Potosí, una empresa inglesa, tiene un molino de quince sellos y una planta de aire, se encuentra trabajando la mina Guadalupe. La Potosí Mining and Reduction Company está trabajando la San Benito, con una producción de lingotes de treinta barras por mes.

A unas cinco leguas de distancia de este tramo, y en el mismo rango de la montaña, en Corpus, están las famosas viejas minas: Clavo Rico y El Corpus. La Clavo Rico ha sido reabierta recientemente, se ha despejado el viejo túnel y se ha colocado madera nueva. El Sr. J. B. Daniel es el supervisando las obras. Además del túnel, ha iniciado pozos en las vetas El Púlpito y El Altar, justo detrás de la iglesia del Corpus, que se construyó sobre la parte más rica, como consecuencia de una superstición sobre un dragón dorado en la mina que hubo que suprimir.

A treinta millas de Choluteca, y sobre la frontera de Nicaragua, está la mina perteneciente a la Segovia Mining Company, El Golfo. La compañía se formó en Nueva York, con un capital de $300,000. Los directores son el Sr. H. M. Braem, Sr. C. Littlefield, y el Sr. H. A. Spears, de Nueva York, y el honorable Abelardo Zelaya, de Honduras. La propiedad consiste de fisuras de cuarzo ricamente impregnadas de oro. Un molino de veinte sellos está operando.

La Dos Hermanos Mining and Milling Company tiene una propiedad valiosa en la jurisdicción de El Corpus, en el departamento de Choluteca.

La Cortland Honduras Association y la San Rafael Mining and Milling Company tienen una concesión que abarca tres minas de oro y plata, cerca de Nacaome, en la costa del Pacífico. Se está construyendo un molino de sellos.

La San Marcos Company tiene un molino de diez sellos en Sabana Grande, y realiza envíos regulares de lingotes a Nueva York. La mina de San Marcos, a pesar de las interrupciones y la falta de maquinaria, ha producido en los quince meses que terminaron en septiembre de 1889, más de $100.000.

La New Orleans and Curaren tiene, en Curaren, un molino con dos baterías de cinco sellos cada una, cuatro cacerolas y dos decantadores, además de otros equipos.

La Aramecina United Gold and Silver Mining Company, Limitada, fue organizada recientemente en Londres, con un capital de $1,000,000. Los directores son: Sr. Henry Wethered, de Londres, presidente; Sr. Oliver Wethered, de Londres; Sr. William Morgans,

44

de Londres; Sr. F. B. Beach, de Nueva York; Sr. A. E. Morgans, de Londres, director gerente.

La compañía es dueña de un grupo de minas en Aramecina, siendo la veta de Santa Lucia la más importante. La planta del molino está optimizada para tratar tres mil toneladas de mineral por día. Una planta de perforación de rocas con motor, calderas y compresor de aire para trabajar ocho taladros está en posición. Pronto se añadirán treinta taladros más. El campo minero de Aramecina está a treinta millas de Puerto Aceituno, en el Golfo de Fonseca, y a unas tres millas al este de la villa de Aramecina. La altitud es de alrededor de mil doscientos pies, el clima agradable, y hay un buen suministro de madera y agua.

Las minas de Opoteca, en Opoteca, departamento de Comayagua, y unas treinta millas al noroeste de la antigua capital, ahora pertenecen a un sindicato inglés, al que fueron vendidas, durante el año pasado, por su propietario, el Capitán Frank M. Imboden, por doscientos cincuenta mil dólares en efectivo. La compañía se está preparando para gastar un millón de dólares para equipar la nueva planta.

La mina de San Bartolo, departamento de Copán, pertenece al capitán Payne, de Nueva Orleans. El mineral es un cloruro puro de plata y pesa alrededor de noventa onzas.

La Santa Cruz Gold Mining and Milling Company (un sindicato inglés) está construyendo un nuevo molino de cien sellos a orillas del río Chamelecón, en el departamento de Santa Bárbara.

La Monte del Cielo Mining and Milling Company, del distrito de las Minas de Oro, tiene un molino de cinco sellos y tres molinos Huntington para la fusión de placas de oro.

La mina Esperanza, en el mismo distrito, le pertenece al Sr. Smart.

La mina Eureka le pertenece al Sr. Wermuth, quien la trabaja con una arrastra, pulverizando dieciséis toneladas de mineral blando en veinticuatro horas.

La mina Tempano tiene una planta de oro.

La mina Clarita, propiedad y trabajada por estadounidenses, tiene un molino de cinco sellos.

El mineral de las Minas de Oro es principalmente un mineral de oro de molienda libre, con ganga de cuarzo descompuesto y arcilla ferruginosa. Las vetas tiene de ocho a veinte pies de ancho.

La New York and Camalote Mining Company tiene un molino hidráulico en Camalote.

La Rector Mining and Milling Company, organizada en Fargo, Dakota del Norte, por los Sres. Miller, Sweaton, Wickersham, Milickan, y Bell, tiene sus obras en Quebrada Grande, Olancho. Hay unos seiscientos pies de esclusas de canal, con buenos reservorios. El lecho rocoso del arroyo es rico en oro en bruto; está cubierto con dos o tres pies de grava de oro.

La Poso Grande es una compañía minera organizada recientemente en Kansas City, que ha localizado algunos reclamos de placer aurífero en Macuelizo, debajo de las minas Los Tarros y El Oro, pertenecientes al general Kraft.

La Honduras Gold Placer Mining Company fue organizada en Londres en octubre de 1889, por el mayor E. A. Burke, de Nueva Orleans. Esta compañía va a trabajar las concesiones obtenidas por el mayor Burke en Olancho. El capital de trabajo es de doscientos cincuenta mil dólares. Un emprendimiento importante de la empresa es el giro del río Jalan, en Retiro, al sur de Juticalpa, para trabajar su lecho. Otras compañías organizadas por el mayor Burke son la de Guayape y Jalan.

III
LA VIDA EN UN CAMPAMENTO MINERO

Vivir en Tegucigalpa, Comayagua, Yuscarán, Santa Cruz de Yojoa, San Pedro Sula o incluso en el Valle de los Ángeles, es diferente que vivir en un campamento minero, donde no hay absolutamente ninguna sociedad nativa agradable. En tal campamento, por ejemplo en el de San Juancito, no hay vida social afuera de la pequeña colonia de extranjeros. Y donde no hay vida social, donde no hay nada más que trabajo duro desde la mañana hasta la noche, sin relajación, sin descanso, sin cambio de ningún tipo, la vida se convierte a veces en una monotonía espantosa; llega a parecerse más dolorosamente al molino de sellos, que nunca cesa de día ni de noche. A pesar del magnífico azul del cielo, el esplendor del sol tropical, el brillo de la miríada de estrellas, la brisa fragante de pino que corre a través de los pasos de montaña, uno se desanima, o, más bien, siente que su corazón se endurece, si está apartado de la humanidad. Olvida muchas de las pequeñas y agradables costumbres de la sociedad educada; se vuelve torpe e inseguro, si no grosero. Por lo tanto, muchas de las compañías mineras estadounidenses tienen el mérito de que se esfuercen en la medida de lo posible por brindar frecuentes recreaciones inofensivas a sus empleados. Los superintendentes a menudo organizaban entretenimientos en sus propias casas; la música, el baile, ocasionalmente alguna pequeña representación dramática, seguida de un refrigerio, son el orden de la velada. A las esposas de uno o dos de estos caballeros, encantadoras damas que parecen siempre deseosas de mejorar la prosaica vida de los trabajadores de la compañía, se debe un sentimiento muy amable de todos los que han pasado algún tiempo en los campos.

Sin embargo, hay algunas compañías que yo pienso que explotan a sus trabajadores. No es que los superintendentes no sean hombres humanos, o hombres con un sentido adecuado de la justicia; pero la verdad es que, y particularmente si ellos mismos son dueños de acciones, están tan interesados en hacer de la mina un gran éxito que se olvidan, a veces, de tener piedad de carne o sangre, incluso de los suyos. Recuerdo haber dicho a un caballero en particular que no solo trabajaba en exceso a sus empleados, sino también a sí mismo. Su horario era de seis de la mañana hasta diez u once de la noche, con solo media hora para comer. ¡Ellos debían trabajar casi el mismo tiempo los domingos! Le profeticé a este hombre que tal tensión terminaría mal. Él se rio de mí. "Pagaras por eso, y muy caro", le advertí. Y lo hizo; murió de repente unos meses más tarde, parece ser que por una apoplejía. El "descanso del séptimo día" es tan importante en Honduras como lo es todos lados. Si los molinos de sellos deben seguir funcionando, como no es descabellado, que la fuerza del domingo sean los hombres que descansan el sábado. Si los hombres deben trabajar desde las seis de la mañana, y se deben levantar a las cinco para vestirse y tomar café, no los tengas despiertos hasta medianoche, debo decir, a menos que les des una hora o dos para una siesta a mediodía. Se debe prestar atención al hecho de que el clima no es el mismo que en la zona templada. Los superintendentes de Dakota no deberían obligar a sus empleados, muchos de ellos nativos, totalmente desacostumbrados a esas horas de comida, a tomar un desayuno abundante a las cinco y media de la mañana, una comida pesada a las doce del mediodía y una cena poco sustancial a las cinco o seis de la tarde, al más puro estilo Dakota. Tal maldición significa una gran mortalidad entre los empleados, ¡una mortalidad que nueve de cada diez no dudarán en culpar al clima mortal de Honduras! Una economía mucho mejor y más verdadera para evitar cambios tan radicales. Que los hombres tomen el café al levantarse, el desayuno a las diez, la cena a las cuatro o cinco. No los trabajes demasiado durante la parte calurosa del día, cuando todos se sienten somnolientos y tienen más ganas de tomar una siesta que de empuñar una herramienta. Los superintendentes deben insistir en que sus empleados obedezcan las leyes de higiene, en lugar de obligarlos a violarlas. Se les debe dar a los hombres suficiente tiempo para comer y también para bañarse diario. Creo que a las empresas les resultaría más barato, a largo plazo, que contratar a un médico, importar una gran cantidad de medicamentos para distribuirlos gratis y, cada pocas semanas, ordenar al carpintero que junte algunas tablas en mal estado en forma de ataúd para un desgraciado, cuya casucha quedará vacía al día siguiente y cuyo nombre marcado para siempre en la lista de pago. Reflexiones de este tipo no deben considerarse irrelevantes, ya que las distintas juntas directivas de los Estados Unidos e Inglaterra hacen hincapié en considerar la economía en la explotación de sus propiedades.

Por otro lado, siempre se pueden encontrar muchos puntos brillantes para recordar en un período de varios meses pasados en un campamento minero en Honduras. Una pequeña colonia de cuarenta a sesenta personas, aislada, por así decirlo, en una tierra extraña, a miles de kilómetros de casa y amigos, es como una familia. Sus miembros se apegan unos a otros y se consideran hermanos. Si uno está enfermo o herido, los demás lo vigilan y lo cuidan. Si uno muere, los demás siguen su ataúd, llevado sobre el hombro de los hombres, en silencio y tristeza hasta su último lugar de descanso. Alguien de ellos lee el funeral; otros, a su vez, arrojan un puñado de tierra suavemente sobre el ataúd. La tumba se llena y sus compañeros se alejan para dejarlo allí. En el día de los muertos, el día de decoración de todos los países hispanos, su tumba no es olvidada; hay flores puestas sobre ella. A veces, una novia valiente viene a Honduras para casarse con un prometido demasiado ocupado para ir a Nueva York a buscarla. En tales casos, la dama es recibida con la mayor cortesía por todo el campamento y se le presta toda la atención. Dos o tres montan en sus mulas y parten hacia la costa, una distancia de ciento ochenta o ciento cincuenta millas, para encontrarla y escoltarla hasta el interior. Ella es la invitada de la familia del superintendente, quizá hasta que esté casada. Si ella es protestante, la ceremonia debe ser, por supuesto, el matrimonio civil, realizado por el gobernador del departamento, a menos que su prometido tenga la oportunidad de ser católico.

Más allá de los entretenimientos de salón, hay poca diversión para la colonia. La equitación pierde su novedad cuando se trata de ser el único medio de viajar. De vez en cuando hay un juego de pelota. El tenis nunca se ha afianzado; no sé por qué. Los arroyos de las montañas son muy estrechos y rocosos para nadar. En raras ocasiones viene el maromero. Es decir, el acróbata hispanoamericano. De repente, un día temprano en el verano, o estación seca, notas un brillo inusual en el rostro del pequeño nativo descalzo que ha venido a venderte una botella de leche (por veinticinco centavos, si estás en un campamento inaccesible). El joven ahora explica su alegría diciéndote que "esta noche es la maroma. Están colocando los postes en el espacio abierto debajo del puente y frente a la bodega." Más tarde, verás por ti mismo los preparativos. Hay dos o tres barras horizontales, una muy alta y la otra pequeña, con sus montantes y hay cuerdas colgando sin fuerzas, como si fueran a colgar a alguien. La presentación se lleva a cabo de las siete en punto hasta las nueve o diez. Es pública. Las luces — se presta poca atención a la luna — consisten en fogatas encendidas en cuatro lugares alrededor del ring imaginario. El maromero ha obtenido aserrín suficiente para ablandar el suelo para sus caídas. La madera de las fogatas es de una especie de pino. Arde hermosamente y el humo no hace daño. Mucho antes de que se encendieran los fuegos, la gente comienza a congregarse, llegando desde una distancia considerable, algunos de ellos. Si la noche es oscura, cada uno lleva su propia antorcha, del mismo pino resinoso, para iluminarse arriba y abajo de la ladera del septo; o quizás ha colocado un trozo de vela encendida hacia abajo en el cuello de una botella y lleva la botella con el revés hacia arriba, a modo de farol; pues las botellas son objetos versátiles en Honduras, como ya he comentado antes. A medida que llegan, la buena gente forma un anillo denso alrededor, sentándose en el suelo o en cualquier madera o piezas de maquinaria que puedan encontrarse cerca. Las mujeres se envuelven cómodamente en sus pañolones y encienden sus cigarrillos. Los hombres fuman también. Se debería de entender que estoy describiendo a las personas más humiles y pobres del país, no a los hondureños de clase alta. Por fin se encienden los postes de pino. Se encienden majestuosamente y la luz rojiza ilumina los rostros radiantes y expectantes de cientos de personas. El maromero pronto hace su aparición, de la bodega, quizás donde la gente de la compañía minera le ha otorgado el privilegio de colocar su parafernalia y balancear su hamaca para pasar la noche. Si él no aparece rápido, la multitud empieza a chiflar y a llamarle, así como la galería de un teatro en cualquier ciudad norteña bajo circunstancias parecidas. También piden "La Música". No debo omitir decir que el maromero ha obtenido los servicios de los mejores músicos del pueblo: un violinista, un flautista y un guitarrista, usualmente. Esta pequeña e inteligente orquesta llega y se instala en los palcos previstos a tal efecto. Afinan y entonces están listos para trabajar. El maromero llega finalmente corriendo ligeramente por un espacio mantenido abierto para él por uno o dos soldados del pueblo, y hace una reverencia a la audiencia de la mejor manera, como una bailarina. Está vestido con medias blancas, un bañador de terciopelo verde oscuro, y una chaquetita de terciopelo con ribete de encaje dorado, que puede quitarse, si quiere, y lucir un jersey blanco. Comienza con una canción tropical y una danza sobre el suave aserrín entre los versos. Sus canciones son divertidas, en su mayor parte, pero nunca groseras. El público las disfruta y aplaude entusiasmadamente. Después de las canciones da muy buenas exhibiciones en las barras horizontales; después canciones nuevamente. Luego se retira a la bodega y descansa un poco mientras la música suena. A continuación regresa y continúa con su presentación. Justo antes del último acto en el programa imaginario, da vueltas recolectando con su sombrero las contribuciones voluntarias, su única compensación. De cinco centavos a un dólar por cabeza se aportan con la mayor disposición. Y puede juntar desde veinticinco dólares a cincuenta o setenta y cinco dólares, dependiendo del tamaño de su público, que se dispersa en el más grato humor luego de escuchar sus "buenas noches" y verlo retirarse del ring por última vez.

IV
ALGUNAS SUGERENCIAS

Hay personas que nunca deberían ir a Honduras. Estas son personas que carecen de firmeza de propósito; gente irresoluta y fácilmente desanimada. Son la clase que pronto se disgusta con la vida y montan un tremendo lamento para volver a la civilización, como la llaman. Son personas que no tienen la menor idea de adaptarse a las circunstancias y vivir la mejor vida. Son absolutamente incapaces de aprender español, por un lado; de hecho, no tienen ningún deseo de aprenderlo. Dependen de que otros les interpreten, y cuando no hay nadie cerca que hable por ellos, se sienten miserablemente indefensos. Tales son algunos empleados de las compañías mineras. Pasan uno o dos años en el campo, haciendo su trabajo y refunfuñando por la crueldad del destino al llevarlos a ese lugar. Sacan sus sueldos con aire vengativo, como si su única satisfacción restante fuera saber que la empresa tenía que descontar tantos dólares de plata cada primer día del mes en su cuenta. Esta gente finalmente regresa a los Estados Unidos, no más sabia, no mejor, salvo por sus miserables ganancias, por su experiencia en los trópicos, de lo que serían tantos caballos o bueyes. Y son estas personas, creo yo, las que hacen los reportes ridículos y despreciables sobre Honduras que algunas veces leemos en los periódicos. No tienen escrúpulos en afirmar que el país está habitado por salvajes semidesnudos; que la vida es insegura, y que se toman libertades atroces con la propiedad de los extranjeros. Estas son la clase de personas que te harían creer que las cartas se abren en las oficinas de correo, y que existe el espionaje más descarado. Ninguna historia de ese tipo debería creerse. Las autoridades de la oficina de correo están muy ocupadas como para entrometerse con la correspondencia de alguien. Considerarían muy aburrido dedicar una atención inusual a cualquier carta o paquete, a menos que hubiera razones para aprehender mercancías de contrabando o la violación de las leyes postales.

La paciencia y la perseverancia son requisitos para tener éxito en la minería. Cualquiera que se dirija a Honduras con la idea de que va a tener posesión rápidamente de una montaña de oro, está destinado a la decepción. Tiene que tomar tiempo e ir despacio. Tiene que aprender el idioma; eso es absolutamente necesario, por lo menos leerlo y conversar sobre cosas ordinarias. Tiene que adaptarse a las costumbres del país y de las personas. Debe saber algo sobre su topografía y su historia temprana, que se puede obtener fácilmente en el *Well's Honduras* y en las obras de Squier y H. H. Bancroft. Después debe visitar los principales campos mineros y aprender cómo llegaron a su actual condición. Pronto descubrirá que la industria minera no es juego de niños, sino una difícil realidad. Una buena propiedad le servirá de poco si no se trabaja adecuadamente. Sólo los minerales de alta ley, con un valor de al menos sesenta dólares, pagan cuando se trabajan con los primitivos métodos nativos; eso es un hecho establecido. Equipar una mina con la planta necesaria para su buen funcionamiento supone un gran desembolso. Es por esto que las compañías deben formarse, y por qué los nativos mismos no trabajan sus propiedades en gran escala. Las concesiones otorgadas por el Gobierno a los extranjeros son notablemente liberales. Nadie puede decir que el presidente Bográn no haya mostrado el espíritu más progresista y verdaderamente estadounidense en su estímulo y aprobación de la empresa extranjera, particularmente en lo que respecta a la industria minera.

La Oficina de Minería del Gobierno es una excelente institución. Dirigiéndola está el inspector general de minas, el doctor Fritzgartner. En esta oficina se pueden ver algunos especímenes valiosos e interesantes de todas partes de la república. Aquí hay pepitas de todas las principales minas de oro y plata. Aquí también hay muestras de pizarra de carbón de Choluteca, con fuerte olor a petróleo, y también de la costa norte. Una fortuna aguarda al hombre que descubra las vetas de carbón que se cree que existen. En esta oficina se pueden ver muestras de yeso fino descubierto en la formación de marga roja muy cerca de Tegucigalpa. La aparición de este yeso indicaría la presencia de sal gema. Se puede hacer un buen cemento agregando pequeñas cantidades de yeso a la toba traquítica que se encuentra en todo Honduras. El yeso calcinado, o yeso de París, se importa y se vende en las farmacias a un precio elevado. Es propenso a estropearse por la humedad de la temporada de lluvias.

Una gran cantidad de maquinaria e implementos mineros es admitida en el país libre de impuestos, con el fin de fomentar la empresa extranjera.

El *Honduras Progress*, durante los años 1888-89 publicó las leyes mineras, con todas sus últimas modificaciones, en inglés. Estos, para una persona que no lee español con facilidad, son de gran ayuda y conveniencia; los números del papel que los contiene deben obtenerse en la oficina. Son muy claros y concisos, como, por ejemplo, los siguientes:

TÍTULO IX
LOS DERECHOS DE UN MINERO SOBRE SU RECLAMO E INTERSECCIÓN DE MINAS

ARTÍCULO 100. — El minero es el propietario exclusivo dentro de los límites de su reclamo, y en toda su profundidad, no solo de la veta o depósito inscrito, sino también de todas las demás vetas, vetas transversales y sustancias minerales que existan o puedan encontrarse allí.

ARTÍCULO 101. — Pero se le prohíbe seguirlas o trabajarlas dentro del reclamo de alguien más.

ARTÍCULO 102. — Toda infracción le somete a la restitución del monto retirado, según valoración de expertos, sin perjuicio de acción por hurto, en caso de prueba de mala fe en su contra.

ARTÍCULO 103. — Se presumirá fraude cuando la infracción supere los veinticinco metros.

Algo sobre el relativamente nuevo proceso de molinos de sellos no puede estar fuera de lugar antes de cerrar este capítulo. Se trata de un dispositivo dispuesto generalmente en lo que se denomina baterías, cada una de las cuales consta de cinco sellos. En las obras de la Rosario hay siete baterías, haciendo treinta y cinco sellos. Cada sello puede pesar setecientas u ochocientas libras. La batería se coloca en una caja de mortero o hierro fundido, con bloques de hierro llamados matrices en la parte inferior, sobre los que deben caer los sellos. El mineral pasa a través de una máquina trituradora y luego se introduce en los morteros para triturarlo bajo los sellos. El agua también entra con el mineral y la mezcla finamente triturada sale a través de pantallas perforadas de chapa de hierro del mortero. Los sellos caen una distancia de ocho a diez pulgadas, haciendo de cincuenta a noventa golpes por minuto. Los sellos miden unos diez pies de largo y constan de cuatro partes, llamadas tallo, collar, cabeza de sello y zapata. El collar está en la parte superior y sobresale de ocho a diez centímetros. La leva del eje impulsor atrapa debajo de esto, y levanta y gira los sellos. La cabeza del sello es un cilindro de hierro fundido resistente, y en su parte inferior hay una zapata de acero que se puede quitar y reemplazar cuando se desgasta. Un molino de treinta y cinco sellos puede reducir de setenta a noventa toneladas de mineral en veinticuatro horas. Con el antiguo método de arrastra, esto requeriría semanas. El mineral triturado se trata de diversas formas para la extracción del oro. A veces son necesarios experimentos, a un costo grande, antes de encontrar el mejor método, particularmente en el caso de minerales refractarios.

V
ÓPALOS DE HONDURAS

No habrás estado mucho tiempo en el país cuando una mañana recibirás la visita de un par de vendedores ambulantes de Gracias. Puede que estos hombres no te impresionen a primera vista con su apariencia. Estarán vestidos descuidadamente con chaqueta y pantalones de algún material de algodón ligero, un sombrero de pita (el peor para usar), o un artículo de fieltro anodino para la cabeza, posiblemente un pañuelo alrededor del cuello, y pies sin zapatos ni medias. Llevarán sandalias de cuero, quizás, con cordones atados alrededor del tobillo y entre el dedo gordo del pie y el vecino. Habrán recorrido una distancia larga y fatigosa, y si es la hora del desayuno, te pedirán que les des algo de comer, por lo que, por supuesto, pagarán. Entonces mostrarán sus productos, los más pobres y de menor precio siempre para empezar. Como regla general, llevan los ópalos en botellas diminutas — ¡siempre la botella en Honduras! — llenas de aceite. No sé si el aceite arruine las piedras, o si las piedras sean de mala calidad; pero sí sé que no vale la pena comprar ópalos que hayan estado en aceite; pues una vez sacadas de las botellas se comienzan a agrietar. Algunas de ellas son de colores bonitos. Pero, si eres inteligente, te negarás a invertir e insistirás en que te muestren algunas mejores. Después de considerables discusiones y protestas de ambos lados, los caballeros de Gracias se las ingeniarán para hurgar en sus bolsillos y sacar unos pequeños papeles doblados que contienen muestras más caras. ¡Ah, algunas de estas son hermosas! Si eres astuto, puedes comprar bellezas reales por un dólar o dos cada una. Las pequeñas baratas se venden desde dos reales (veinticinco centavos) hasta un dólar.

He visto muchos ópalos hermosos en Honduras, pero ninguno me ha parecido tan duradero como aquellos de México. Uno debe hacer un plan para visitar el departamento de Gracias y ver las minas; sin hacerlo, puedes tener muy poca idea de ellas. No tiene caso preguntarle a la gente de Tegucigalpa, pues solo unos pocos — fuera de los geólogos del Gobierno y quizá un joyero o dos — te pueden dar algo de información. Te dirán que las minas principales están cerca de Erandique, y son trabajadas por los Sres. Peacock y Burdet. Y necesitarás un mapa que te muestre que Gracias está al oeste a una buena distancia de Tegucigalpa, y que es un largo viaje hasta allí. Y difícilmente serás más sabio de lo que eras antes de salir de Estados Unidos, en este punto. Pero si puedes hablar algo de español, pregúntales a los vendedores de ópalos las preguntas que se te ocurran. De esa manera aprenderás muchas cosas.

No intentaré decir cuánto uno debería dejarse llevar por la superstición popular sobre estas hermosas piedras. Hablando de mi propia experiencia — dos veces en mi vida he poseído ópalos, la primera mexicana, la segunda de Honduras — han sido para mí presagios de los hechos más crueles e imprevistos, seguidos, sin embargo, de una inimaginable buena fortuna. Me fascinan, y a su vez, me aterran. En mi mente siempre están asociados con la tragedia. Ahora nunca veo un ópalo sin recordar el hermoso poema de George Parsons Lathrop, "Un cofre de ópalos". Uno de los versos habla de dos amantes muertos encontrándose:

"Él preguntó, '¿estoy perdonado?'
'¿y perdonas?' ella dijo.
Mucho tiempo en vano por la paz que habían luchado,
y ahora sus corazones estaban muertos."

"En la costa del Pacífico", dice el *Honduras Progress*, "se encuentran largas vetas de ópalos comunes de colores rojizos y azulados. Se pueden extraer fácilmente bloques de ópalos que pesen entre cien y trescientas libras. En los próximos años, sin duda, esta clase de depósitos minerales será utilizada por los lapidarios para artículos de lujo, así como para la decoración de viviendas y vagones de ferrocarril, de manera similar al 'ónix mexicano', que no es más que un calcita de poca dureza ".

PARTE III

INMIGRACIÓN Y AGRICULTURA

I

PLANES E INTENTOS DE COLONIZAR

Dos grandes necesidades de Honduras — quizá las más grandes — y reconocidas como tales por el presidente Bográn y muchos otros hondureños progresistas, son las de inmigración y desarrollo agrícola. La agricultura, como hemos escuchado repetidamente, es la verdadera base de la riqueza de una nación, y brillante será el día para Honduras en que sus espléndidos campos sean cultivados hasta en una cuarta parte de la extensión total de sus recursos.

Los primeros pasos de verdadera importancia hacia la colonización y el progreso agrícola los ha dado últimamente la American Honduras Company. El presidente de esta compañía es el Sr. E. W. Perry, un hombre de visión y agallas. El Sr. Frank M. Imboden, antiguo dueño de las valiosas minas de Opoteca, es el vicepresidente. La compañía tiene oficinas en las principales ciudades de Estados Unidos, así como en Tegucigalpa, Patuca, Juticalpa y Catacamas. Su objetivo es la colonización de la vasta pero poco conocida región este de la República, llamada Mosquito. El trabajo del Sr. Perry es genuino. Lo que él dice y escribe del país — y ha hecho mucho en esta dirección — puede ser acreditado, cada palabra, pues habla desde el conocimiento y no rumores. Ha explorado personalmente Mosquito, y conoce la tierra. El simple hecho de que tal hombre es el presidente de la compañía, y que es secundado por otro de tal experiencia y prudencia como el Sr. Imboden, debería garantizar el éxito de todo lo que se haga. La vasta extensión de Mosquito comprende áreas de tierra que hasta ahora no se podían vender, por ser tan remotas e inalcanzables. De acuerdo con el contrato del señor Perry con el Gobierno, este terreno es comprado por la American Honduras Company, el pago será en obras públicas extensas que resultarán de inestimable valor para toda la mitad oriental de la República. Se construirá un camino de carretas de más de trescientas millas de largo, que conducirá desde la capital a la costa norte. El costo de esto se estima en trescientos veintitrés mil trescientos cincuenta y tres dólares. Hay un canal a realizar entre la laguna de Caratasca, que está cerca de la línea costera Mosquito, y el Guayape, un río importante. Este canal será de por lo menos veinte millas de largo por doce yardas de ancho y cinco pies de profundidad. El costo será de cerca de trescientos mil dólares. El canal entre Caratasca y el mar puede tener que profundizarse a un costo de sesenta y cinco mil dólares. Se deben tender cien millas de línea de telégrafo y realizar otras mejoras para permitir la comunicación entre esta región y el interior. El costo será de al menos setecientos mil dólares. Estas son las obras con las que pagará la compañía por las tierras Mosquito. Sinceramente, habiendo comenzado ya medidas activas hacia la colonización, es muy gratificante. Se ha traído a Patuca un aserradero a vapor, que cortará diez mil pies de madera por día, y se están construyendo casas en ese lugar y en Caratasca. Hay un barco a vapor que llevará correo y cargamentos — incluyendo fruta — de varios lugares a lo largo de la costa este a Trujillo y Puerto Cortés, para conectar con barcos para Estados Unidos. Se ha limpiado tierra entre la laguna de Caratasca y el mar, y se han plantado frutas como plátanos, cocos y piñas. A lo largo del Patuca, o Guayape, se han plantado otras frutas. Se ha estimulado a los nativos de la región — principalmente Sambos — a mejorar sus cultivos de frutas, percibiendo que pronto se abrirá una vía para comercializar sus productos. Ahora hay un buen camino de mulas entre Dulce Nombre y el río Patuca o Guayape. Esto probablemente se convertirá en un camino de vagones más adelante.

La compañía ha empezado a introducir materiales e implementos para construir casas y muebles. Ha traído carros y arneses, y herramientas para la construcción de carreteras. Ahora está introduciendo animales de las mejores razas en la región, con el fin de mejorar la población autóctona. Entre estos se encuentran varios sementales normandos.

La exploración de un país así no es una tarea insignificante. Leer de alguien que lo haya hecho, transmite poca idea del logro. Nadie, salvo el que lo ha probado por sí mismo, se da cuenta de lo que significa cabalgar de cien a trescientas millas a través de una región donde apenas hay la sombra de un camino de mulas. Puede que no haya bestias salvajes, es cierto, pero habrá otras dificultades formidables. Los pioneros que han intentado el tracto Mosquito son sin duda almas valientes. Algunas de sus experiencias, anotadas en ese momento, son de lo más interesantes. El Sr. W. W. Packer, de Sabanagrande, fue uno de los primeros en explorar una ruta directa entre Tegucigalpa y Patuca. Algunos extractos de su diario, publicados en el *Honduras Progress*, me parecen dignos de preservar.

II
DIARIO DEL SR. PACKER

17 de junio de 1889

En las obras, cerca de Dulce Nombre, Honduras, C.A. — Lejos en Catacamas.

El señor Hines y yo nos detenemos aquí en nuestra marcha de regreso desde el río Patuca, mientras un mensajero, uno de nuestros indios, ha sido enviado por nuestras mulas, que quedaron en Dulce Nombre al comenzar este emocionante viaje a pie y en canoa.

Después de varias semanas de vida dura, nos encontramos en una choza india desierta, deseando poder ver el reflejo de nuestros rostros en un espejo, limpiándolos con el filo agudo de una navaja sueca.

Pero aquí están las fechas y los eventos:

DOMINGO, 23 de diciembre de 1888.

Conocí al gobernador, quien aconsejó un cambio de ruta, diciendo que una vez envió a un grupo de seis viejos montañeros en el mismo encargo, y que se perdieron y tardaron once días deambulando. Muy amablemente nos dio todos los medios a su disposición y nos deseó un buen viaje. Nos complació mucho su amabilidad; pero ¡oh! la vanidad de las cosas terrenales. Una pequeña mosca destruye el disfrute de tu café; ¡Una pulga enfría el ardor de tu cortejo! Nuestro inútil mozo, Silvestre, ha desertado, pero hemos contratado a otro igual de malo.

NAVIDAD, 25 de diciembre de 1888.

Me levanté a las cinco de la mañana, no con la alondra, sino con el colibrí, y mientras cocinábamos nuestro desayuno sobre un fuego de troncos de cedro, oímos las voces de cantantes de tonos abigarrados en lo alto. También había un escorpión sobre mi manta, pero lo he perdonado. Matamos tres pollos; confío en que nos hayan perdonado. Tomamos un trago (del río), no tengo esperanzas de perdón después de hacer esto en la gran fiesta, y luego nos dirigimos a Catacamas, a donde llegamos a las tres de la tarde. El día era muy templado y las mulas no estaban muy salvajes, o tal vez se sorprendieron cuando entramos en la ciudad. Nos recuperamos a la mañana siguiente por un susto, cuando se nos dijo que nuestras mulas — José y María — estaban desaparecidas, y que solo se encontrarían con el pago de dos pesos (dos dólares).

30 de diciembre de 1888

Ya llevamos varios días en Río Tinto, y aunque un mensajero tras otro ha llegado desde nuestra región de acción propuesta, y nos ha informado de un desierto horrible e infernal ante nosotros, probaremos los fantasmas para ver si son de carne o espíritu. Esta noche, dieciséis indios ocupan el espacio frente a la casa, acostados con las cabras y los terneros en el suelo húmedo.

31 de diciembre de 1888.

Hormigueros, cóndores, árboles de caucho y otras novedades, mientras conducimos desde Río Tinto hasta Dulce Nombre, para pasar la víspera de Año Nuevo. Se está celebrando una fiesta, y no solo la población nativa acude allí, sino que los indios vienen a beber y rezar. En medio de un hermoso país, rodando como las grandes olas del mar, cabalgamos hasta que cae la noche; cae la lluvia, y nuestras mulas escogen el camino durante las últimas dos leguas en la oscuridad profunda y la lluvia torrencial, hasta que el destello de las hogueras de pinos nos muestra nuestro deseado lugar de descanso, el lugar donde la hostilidad desenfrenada se enfrentará a nosotros en lugar de un descanso tranquilo. En una de estas chozas de barro, sin embargo, encontramos un lugar para detenernos, porque el presidente nos ha brindado su protección, y es poderoso - una orden, por escrito, de que todos los alcaldes nos ayudarán - y el poder de la ley es reconocido. En medio de las imprecaciones afuera y las maldiciones que escuchamos entre dientes, nos vamos a dormir. Sabemos que los indios solo temen al pico y la pala, pero mañana deben hacer su parte del trabajo duro.

2 de junio de 1889

El nuevo año ha empezado, y con él nuestro trabajo. Como todo el mundo en este momento debería despojarse de todo lo superfluo de la vida, así nosotros nos hemos despojado de todo lo superfluo de peso y ropa que pudiera entorpecer el progreso del peregrino. ¡Oh, mula grande! ¡Acaricio tus grandes orejas oscuras y acaricio tu hermoso cuello, mientras me despido! Cinco indios incondicionales de tres tribus tomarán tu lugar y llevarán tus cargas, porque a menudo esperaré que uno de ellos me lleve y luego decir: ¡Tu paso, oh mula, es más agradable! Los bultos están atados a la espalda del indio, de setenta y cinco a cien libras por cada tipo moreno. Un guía, un cocinero, y por eso nuestro grupo ahora es de diez. Nos vamos, "sobre helechos y pantanos", hasta la noche; luego acampamos, empapados por la lluvia y el vadeo, y dormimos en el suelo fangoso, entre los árboles que suspiran y lloran.

Ahora deja que pase un día, pero no como lo pasamos nosotros, a menos que, pueda ser, contemple la grandeza de la escena desde la cima de la montaña, o mire hacia arriba desde la quebrada en la hermosa cañada; pero ve al lugar, a treinta millas del asentamiento indio más cercano, donde, como deben hacer todos los verdaderos viajeros, hicimos un descubrimiento. Una manzana cayéndose llevó a Newton a la enunciación de una gran e importante ley. Un mono bailando, haciendo cabriolas, entre los altos árboles nos conduce a una "mina de antigüedades". Un disparo, una carrera, tanto del mono como de indios, uno en fuga, el resto en persecución, el señor Hines, con pies de montañero, me sigue, me llama y, ¡oh cielos, pensar en el trabajo de hace mil años! Una barranca, una masa de piedra, una ruina, mesas en una sola pieza de granito, cuencos en delicada tracería ornamentada, tortugas, innumerables cosas con cabezas y colas de tigre, y adornadas por la mano del arte. Cómo anhelaba un barco veloz para transportar estos miles de artículos, forjados por manos desde hace mucho tiempo convertidas en polvo y esparcidas por el viento, a mi propia ciudad, pero el recado en el que estamos nos llama. No podemos demorarnos, como los mensajeros del distrito, para jugar. (Trabajaremos el reclamo poco a poco).

Un día más de camino, y la fuerza que nos dio esa carne de mono nos ha llevado al cauce del Río Lagarto; y después de muchas travesías por agua, fría, pero misericordiosamente limpia, nos encontramos con una banda de indios sumo.

Negociamos con los cazadores por dos canoas, que, pocas horas después, encontramos a orillas del cruce del Guampu y Lagarto. La espléndida embarcación, que parecía tan elegante y práctica, estaba hecha de un tronco de caoba, de treinta y cinco pies de largo, dos pies y seis pulgadas de ancho, ahuecado por el fuego. El lunes 7 de enero, nos sentamos en uno, para probar el hermoso Guampu y el campo a lo largo de sus orillas; media milla, y tomamos de un desayuno de iguana un grupo de tres Sumos, para navegar nuestros botes. Nuestro grupo así aumentado ascendía a trece, un número fatal, dicen los supersticiosos y así le resultó a quien cenó ese día en la ribera en medio del rugido de una catarata.

Adentrándonos en los rápidos, en pocos minutos experimentamos esa encantadora sensación al dispararles, que, mezclado con el elemento desconocido del peligro, da un gran deleite. Estábamos en uno de una serie de rápidos que se extienden alrededor de cuarenta y cinco millas, y entre ellos podemos clasificar a unos cuarenta como peligrosos, corriendo con gran rapidez, a menudo muy tortuosos, algunos con cursos muy estrechos, llenos de rocas que a menudo rozamos; algunos tan poco profundos que tuvimos que aligerar los botes y vadear, y en un lugar descargar las canoas y transportarlas. Vadeé al principio descalzo en el agua, pero me alegré mucho, al recuperar el bote, de ponerme los zapatos, con la firme determinación de escapar de esa tortura a riesgo de ser volcado por la corriente; así que estuvimos todo el día bajo la lluvia torrencial. Uno de los objetos más pintorescos en medio de la grandeza de la naturaleza fue, me enorgullece decirlo: zapatos, pero sin calcetines, pantalones arremangados, una chaqueta de goma y un casco blanco. Los guacamayos y loros a lo largo de las orillas deben haber envidiado mi vestido (o mi falta de él). A las seis de la tarde estábamos en la desembocadura del Pan, en un "pueblo" indio, y entramos en un cabaña. Cada hombre aquí tiene dos esposas (excepto, por supuesto, nuestro grupo). Todos visten de una manera más primitiva incluso que yo durante el tiro de los rápidos. Como la cabaña no tiene lados, podemos observar los arreglos domésticos de cada familia feliz. Una orgullosa matrona tiene dos pares de ligas que adornan sus piernas oscuras y dos pares de brazaletes en sus brazos bien formados, y la hermosa combinación de la tez natural con la lograda por el jugo de achote, la convierte en una de las características más grandiosas de esta región de paisajes escénicos.

Noté una característica que muestra cómo la influencia de la civilización ha penetrado en estas montañas. El jefe golpeó a su perro por limpiar los utensilios de cocina antes de que la familia se comiera su contenido. He jurado por el santo San Marcos ser amigo de ese buen hombre para siempre.

Ha pasado otra noche, y al despuntar la mañana, se presenta un obstáculo para viajar. Don Guadalupe, nuestro "mayordomo", ha tenido un fuerte ataque de cólera morbo, que se suponía que teníamos bajo control ayer. Hoy tenemos el temor de que los síntomas del cólera prevalezcan. Debemos esperar aquí, pues él ha sido un amigo leal. Él yace a un lado de nosotros agonizando, y en el otro los indios están desayunando, cortando plátanos de diez pulgadas con "machetes" de dos pies. A las cuatro de la tarde hemos visto que el final está cerca.

No dejamos que los indios manipulen ninguno de nuestros utensilios, quemen cada artículo, y que nuestra ropa cuelgue en el humo.

A las 9:17 de la tarde, el señor don Guadalupe Carrillo, alcalde de Río Tinto, murió en un pueblo sumo, Honduras, C.A.

Nosotros dos, el Sr. Hines y yo, estábamos a su derecha, los indios a la izquierda. Ayer me estaba guiando a través de un rápido; esta noche cruzó el río oscuro, pero su guía no fue vista. Dami Samu ha colocado el cuerpo en el suelo, una pequeña cruz de cedro en el pecho. Los nudos de los pinos parpadean e iluminan su rostro demacrado mientras yace debajo de nuestras camas oscilantes; los cerdos, perros y gatos se mantienen alejados solo mediante una vigilancia constante.

En la cena en las rocas, ayer, fue uno de los números fatales: trece.

¡Adiós, buen y fiel amigo! Fuiste fiel a don Guillermo, que en el pensamiento te ve en la orilla del río donde la muerte se vence y la vida es eterna.

En la mañana del día 9, dejando a dos de nuestros indios para enterrar a Don Guadalupe, continuamos nuestro viaje, entrando al Río Patuca a las 11:51 a.m. Sus hermosas orillas eran como un césped en terrazas, una franja de hierba espesa sobre un bosque de fondo. Comencé, casi inconscientemente, tarareando de la creación de Hayda, "Los más hermosos aparecen", porque las tierras ricas y fértiles y la fresca vegetación sugerían no solo belleza, sino un gran futuro de riqueza para quienes estaban aquí en este paraíso. Había muchos cocodrilos, uno enorme en la orilla a mi alcance me tentaba a saludarlo. Mi saludo fue tan contundente como podría hacerlo un revólver Colt 44, y cuando el principal cumplido fue hacia él, desde su cubierta escamosa desvió la mirada tan inofensivo como un halago lanzado a una experimentada belleza de la sociedad. El rifle del Sr. Hines hizo que otro leviatán sacudiera la cabeza y, en voz alta, reconociera que se sentía herido por la presunción. Íbamos todo el día por las hermosas tierras, en medio de ores y sabanas, hasta que, a las siete de la tarde, entramos en la hospitalaria casa del señor Néstor A. Gross, y pasé buena parte de la noche hablando con él y el señor Charles Coleman. Recordaremos durante mucho tiempo el saco de harina y la barra de azúcar cortada — un regalo — porque, mientras almorzábamos pasteles rebozados y huevos de tortuga, pensamos en su generosidad con cada bocado generoso.

Al día siguiente, mientras comía la carne de una iguana muy tierna, miré el rostro de un enorme acantilado y me pregunté si, en medio de esta belleza por un lado y la fertilidad por el otro, el cocodrilo debería acapararla, o un una gran cantidad de trabajadores encuentran salud, sustento y vida.

Nuestro viaje de regreso es necesariamente lento, y mientras permanezco en el agua después de vadear y espero a que nuestros barqueros nos alcancen, aprovecho la oportunidad de memorizar de un libro en español una serie de verbos y sustantivos; también algunas frases. Mi vecino sonríe ante mi energía dadas las circunstancias; pero es la única oportunidad que tengo, y el barquero se pregunta por qué lo hago (¿por qué no tengo a alguien conmigo que pueda hablar por mí?) sin saber que una de las mayores alegrías de la vida es poder hablar por uno mismo; y este no es un aula lúgubre y mal ventilada, pero en cada soplo de aire hondureño hay un impulso de hacer y perseverar.

Una cosa no hemos logrado: asegurarnos algún filete de los enormes tapires que frecuentan esta región. Hemos fusilado a tres, pero han muerto en lugares casi inaccesibles, y nuestro tiempo ha sido "más valioso que muchos tapires".

Estamos, el 14 de enero, en el campamento en un banco de arena. Una choza cubierta con veintinueve hojas de plátano es suficiente refugio contra el clima; pero debemos dormir livianos, porque de un lado hay una montaña plagada de jaguares, a siete metros de nuestra choza las marcas de cocodrilos de hoy, y con nosotros cinco seres que aún no han conocido lo que Matthew Arnold llamó "la humanización de la sociedad" (es decir, civilización) y que no han olvidado que los llevamos, sin palabras muy amables, de su caza y pesca, a trabajar aquí por dinero que no aman. Nuestro guía y su familia han renunciado, así que solo tenemos cinco ayudantes, y ellos preferirían casar y nadar que continuar el camino. Sin embargo, seguimos adelante, observando atentamente, y por fin llegamos a la cabaña donde estoy escribiendo. Cerca de nosotros hay una planta de algodón salvaje, tan grande que apenas me atrevo a hablar de su tamaño. El Sr. Hines se ha subido a ella a cuatro pies del suelo y, estirando las manos hacia arriba, pide un palo para tocar la parte superior. Casi trescientas bolas de algodón superfino están creciendo, por lo que cada uno de nosotros debe asegurar una cantidad de semillas para enviar a Norteamérica.

Ojalá pudiera contarles más sobre este lugar elegido en la tierra, pero hasta que nuestro camino esté hecho, quizá prefieras retrasar tu visita. En dos meses esperamos haber reducido el tiempo en cuatro días, y hacer estaciones por las que se pueda viajar con la seguridad de la comodidad que anhelamos, ya que ahora estamos muy cansados. Ni una hora en dieciséis días hemos tenido ropa seca, o una manta seca por la noche, excepto la única noche en que encontramos una cama seca en la casa del señor Gross. Sin embargo, estamos bien, lo que es la mejor evidencia de que el clima de Honduras es mejor que otros, y que somos duros.

III
CONDICIÓN DEL PAÍS

Quienes lean estas páginas pueden pensar que hay algo sobre la situación política y financiera de Honduras en el momento actual, con miras, tarde o temprano, a probar fortuna en este — para ellos — nuevo mundo.

Se puede decir de inmediato que el país nunca ha disfrutado de una era más pacífica o caracterizada por una mayor iluminación.

La religión predominante es la Católica, pero la constitución garantiza absoluta libertad en asuntos religiosos. La iglesia y el estado están separados, pero existe la máxima armonía entre los dos. La actual tolerancia se puede entender por el hecho de que hay iglesias bautistas y metodistas en las Islas de la Bahía y en el continente, como, por ejemplo, en San Pedro Sula.

De los religiosos protestantes representados en el país, creo que hay unos dos mil metodistas, un par de episcopales y presbiterianos, dos o tres espiritualistas, dos budistas, dos bautistas y uno o dos luteranos.

La población de Honduras durante el siglo pasado, se estimula de la siguiente manera:

Año
1791: 95,500
1826: 200,000
1881: 307,289
1887: 331,957

La población masculina es de 163,073; la femenina de 168,884.

De los extranjeros hay 1.033 súbditos ingleses, de los cuales 592 residen en las Islas de la Bahía. Los demás se encuentran principalmente en los departamentos de la costa norte de Santa Bárbara y Colón. Hay alrededor de doscientos norteamericanos en el país.

Por cada habitante de Honduras hay ocho acres de tierra.

Desde el principio, el presidente Bográn se negó firmemente a repudiar la gran deuda impuesta al país, hace unos veinte años, en relación con el entonces propuesto ferrocarril interoceánico. Esa enorme carga fue contraída, como todos saben, por la emisión de bonos que, al no construirse el ferrocarril —salvo el pequeño tramo mal equipado desde Puerto Cortés tierra adentro hasta San Pedro Sula— la república se negó a pagar. Por fin, sin embargo, y después de arduos esfuerzos, el gobierno ha llegado a un acuerdo con los capitalistas de Londres, por medio del cual se cancelará el viejo reclamo y se construirá el ferrocarril.

La situación financiera de la república en otros aspectos es sólida. La deuda pública, excluida la enormidad ferroviaria, se ha ido reduciendo gradualmente durante la administración del presidente Bográn.

Los ingresos de la república para el año fiscal que finalizó en julio de 1888 fueron $2.818.264,51 y los gastos para el mismo período, $2.826.531,91. Esto mostraría un desembolso de $8,267.40 mayor que el ingreso; pero se pagaron $617,341.94 para cancelar la deuda pública mostrando una ganancia real de $600,074.54 para el año. La intención del gobierno es pagar más de medio millón de la deuda restante durante el año 1889 y, por lo tanto, dejar menos de $200,000 de deuda para transferir al año 1890. El país tiene casi $600,000 invertidos en vías públicas y otras mejoras permanentes; $216,028 en edificios públicos; $121.234,15 en artículos de los que el gobierno obtiene ingresos y $2.355.187,58 en equipos de telégrafo, militares y de servicio postal. Los ingresos de la república por ingresos y aduanas para el mes de agosto de 1889 fueron los siguientes:

Puerto de Amapala: $43,010.92$\frac{3}{4}$

Puerto de Puerto Cortes: 25,900.66

Puerto de Las Islas: 9,193.25

Departamento de Colón: 15,942.73$\frac{1}{2}$

Departamento de Tegucigalpa: 23,904.71

Departamento de Santa Bárbara: 10,593.76

Departamento de Comayagua: 8,147.20$\frac{1}{2}$

Departamento de La Paz: 4,513.27$\frac{1}{2}$

Departamento de Copán: 11,994.97$\frac{1}{2}$

Departamento de Gracias: 6,095.51$\frac{1}{4}$

Departamento de Choluteca: 12,876.85$\frac{3}{4}$

Departamento de El Paraíso: 9,067.73$\frac{1}{4}$

Departamento de Yoro: 4,680.69$\frac{1}{4}$

Departamento de Intibucá: 3,756.91

Departamento de Olancho: 12,293.78

Total: $201,912.98$\frac{1}{4}$

Los derechos de importación se calculan a tanto por libra, según la clase, sobre la mercancía[*]. Los productos pertenecientes a la Clase I están exentos de impuestos. La tasa para la Clase II es de dos centavos por libra; para la Clase III, cuatro centavos; para la Clase IV, ocho centavos; para la Clase V, doce centavos; para las Clases VI, VII, VIII, IX y X, respectivamente, dieciocho centavos, veinticuatro centavos, treinta centavos y cincuenta centavos. Para la Clase XI, la tasa es de un dólar y cincuenta centavos por libra. Para los licores, la tasa es de dieciséis centavos por libra, y para las espirituosas, veintiocho centavos.

Muchos han esperado que el Congreso Universal Americano de 1889 haría mucho para incrementar el comercio entre Honduras —y otras repúblicas centroamericanas— y los Estados Unidos. En relación con esto, el honorable D.W. Herring, antiguo consulado estadounidense en Tegucigalpa, dio, no hace mucho, en un artículo en el *American Exporter*, un excelente consejo a los comerciantes y

---

[*] Ve las importaciones del año 1887-88 en el Apéndice

fabricantes de los Estados Unidos. "Harían bien", él dijo, "en estudiar las peculiaridades del comercio centroamericano". Por buenos caminos, se puede requerir que cada mula de carga transporte doscientas cincuenta libras. Cuando los senderos son accidentados, montañosos o lodosos, el límite máximo de peso para una carga es de doscientas libras, y debe dividirse en dos bultos tan parecidos como sea posible, de modo que se cuelgue sobre la montura nativa y descanse a cada lado de la mula. Ningún paquete debe pesar más de ciento veinticinco libras si va por un buen sendero, o más de cien libras cuando no hay certeza de que el camino sea liso, nivelado y seco. Lo mejor es limitar el peso en todos los casos a cien libras, incluyendo la caja. Los impuestos en Honduras se cobran por el peso de las importaciones, incluidas las cajas, barriles, sacos u otra envoltura. Es fácil ver cómo el remitente de mercancías a este país puede aumentar la cantidad de aranceles y fletes de un envío, sin aumentar las ganancias del importador ni fortalecer la inclinación del comprador a aumentar sus pedidos.

"Las cajas deben estar hechas de madera delgada y resistente, como la que fabricaría el olmo, y deben ajustarse cómodamente a los artículos que incluyen, o deben estar llenas en los lugares vacíos alrededor del artículo enviado con algún material ligero, o tan reforzadas que resistan la tendencia al aplastamiento por los lazos o sogas utilizados para amarrar la carga a la montura.

El aceite de carbón debe enviarse en latas de zinc. Cuando se envía en barriles de madera, no solo se desperdicia demasiado por evaporación, sino que los barriles son muy propensos a romperse por un manejo brusco o perforarse con clavos, rocas, etc. El impuesto de importación es de dos centavos por libra, y el aceite de carbón se vende aquí de un dólar y veinticinco centavos hasta un dólar y cincuenta centavos por galón. Además de las velas, las lámparas de aceite de carbón son las únicas usadas".

Ahora hay dos buenas casas bancarias en Tegucigalpa. El Banco Nacional Hondureño comprará y venderá letras de cambio extranjeras y emitirá letras y letras contra el tesoro público y las aduanas de la república. Su tasa de descuento es del uno por ciento mensual. Recibe depósitos al cuatro por ciento anual durante tres meses y al seis por ciento anual durante seis meses. El presidente es el honorable don Ponciano Planas; el gerente es don J. Diaz Durán.

El Banco Centroamericano realiza un negocio bancario general, compra y venta de cambio y descuento de facturas. El presidente es don Santos Soto; los directores, don Ignacio Agurcia y don Cipriano Velásquez; el gerente es don Julio Lozano.

El oro, el papel moneda y las letras de cambio estadounidenses cobran una prima del veinticinco al treinta y cinco por ciento.

Los hondureños son gente pacífica y amigable. Con excepción de unos pocos indios en los distritos remotos, son increíblemente amables y hospitalarios con los extraños. Puedes viajar desde Amapala a Puerto Cortés, solo y desarmado, con cualquier cantidad de dinero y joyas contigo, y no tener miedo de nada.

Las personas tienen gran respeto y afecto por su presidente. El general Bográn no podría ser más popular de lo que es actualmente con todas las clases. Él nació el 3 de junio de 1849 y, por lo tanto, es aún joven. Recibió su educación en Europa, luego regresó y se convirtió en un soldado, sirviendo honorablemente en tiempos de revoluciones, y volviendo a casa cuando se alcanzó la paz, para dedicarse a sus actividades agrícolas. Cuando el presidente Soto renunció en 1883, se convocó una elección, de acuerdo a la constitución, y Luis Bográn fue elegido entusiasmadamente por la gente para ser su líder. El periodo presidencial de Honduras, como el de Estados Unidos, es de cuatro años. En 1887, Bográn fue unánimemente para otro periodo de cuatro años. El presidente es encantador. Está muy interesado en la agricultura y tiene un hermoso campo en Santa Bárbara, donde reside con su familia durante ciertos meses del año.

El gabinete está compuesto de ministros y secretarios. Los actuales miembros son: secretario de Estado, honorable don Simeón Martínez; secretario de Obras Públicas, honorable don Francisco Planas; secretario de Guerra, honorable don Francisco Alvarado.

Hay un Senado y una Cámara de Diputados, quienes son electos de los trece departamentos. Cada departamento tiene un gobernador.

La educación primaria es obligatoria. Hay escuelas gratuitas en todas las villas. Se enseña a considerar sagrados los derechos de propiedad y seguridad personal.

Las mejores clases son bien leídas y reflexivas. El presidente tiene buen gusto literario y da su aprobación a todas las organizaciones literarias y científicas. Es miembro de la Academia Literaria Científica de Honduras y está haciendo mucho para alentar a la Sociedad de Antigüedades, recientemente organizada. Esta sociedad construirá y mantendrá un museo en Copán. Se comprometerá a explorar esa región en busca de antigüedades y a preservarlas, así como las ruinas de Copán. Es para disfrutar del privilegio de explorar todas las ruinas de la república a partir del 1 de febrero de 1890. El Gobierno ha otorgado a la sociedad dos caballerías de terreno en el lugar donde se va a construir el museo. El Sr. E. W. Perry es uno de los principales organizadores de la sociedad.

Hay diecisiete periódicos impresos en Honduras. En Tegucigalpa: *La Nación, La República, El Tren, Los Debates, La Gaceta Oficial, La Academia, La Revista Judicial, El Estudiante, El Católico, Honduras Progress*; en Comayagua: *El Republicano*; en Santa Rosa: *El Independiente, El Ensayo*; en Santa Bárbara: *El Progreso*; en Trujillo: *El Republicano, La Prensa Libre, El Demócrata*.

El servicio postal está bien dirigido y las cartas se reciben y envían con prontitud, aunque los mensajeros van en su mayoría a pie. Algunos de estos hombres hacen los viajes más asombrosos entre la costa y el interior, superando a los pasajeros montados y siempre llegando sanos y salvos a su destino, con sus pesadas bolsas de correo al hombro. Toman un gran número de atajos a través de las montañas, descendiendo por las laderas perpendiculares y ascendiendo por paredes casi escarpadas. Por lo general, llegan a algún pueblo al anochecer, pero si no, pueden acurrucarse y dormir cómodamente en cualquier lugar, siempre que sea un lugar seco. El horario de llegadas y salidas de correo para el mes de agosto de 1889 da una idea del servicio:

CORREO DEJA TEGUCIGALPA

2 de agosto. — Para Sabanagrande, Pespire, Nacaome, República de El Salvador (por San Miguel), La Brea, Amapala,

Corinto, San Juan del Sur, Puntarenas, Panamá, Sudamérica, Las Antillas, Norteamérica, Europa, etc.

11 de agosto. — Para Sabanagrande, Pespire, Nacaome, San Miguel, La Brea, Amapala, La Unión, La Libertad, Acajutla, San Salvador, San José de Guatemala y Champerico.

13 de agosto. — Para Sabanagrande, Pespire, Nacaome, República de El Salvador (por San Miguel), La Brea, Amapala, Corinto, San Juan del Sur, Puntarenas, Panamá, Sudamérica, Las Antillas, Norteamérica, Europa, etc.

20 de agosto. — Para Sabanagrande, Pespire, Nacaome, República de El Salvador (por San Miguel), La Brea, Amapala, Corinto, San Juan del Sur, Puntarenas, Panamá, Sudamérica, Las Antillas, Norteamérica, Europa, etc.

21 de agosto. — Para Sabanagrande, Pespire, Nacaome, República de El Salvador (por San Miguel), La Brea, Amapala, La Unión, La Libertad, Acajutla, San José de Guatemala, y Champerico.

26 de agosto. — Para Sabanagrande, Pespire, Nacaome, República de El Salvador (por San Miguel), La Brea y Amapala.

30 o 31 de agosto. — Para Sabanagrande, Pespire, Nacaome, República de El Salvador (por San Miguel), La Brea, Amapala, La Unión, La Libertad, Acajutla, San José de Guatemala, Champerico, República de México (por Acapulco), Estados Unidos, Asia y Oceanía (por San Francisco, California).

CORREO LLEGA A TEGUCIGALPA

8 de agosto. — Desde Amapala, La Brea, Nacaome, República de El Salvador (por San Miguel), Pespire y Sabanagrande.

9 de agosto. — Desde el extranjero, por Panamá; desde Costa Rica y Nicaragua; desde Amapala, La Brea, Nacaome, República de El Salvador (por San Miguel), Pespire y Sabanagrande.

10 de agosto. — Desde el extranjero, por Panamá, desde Costa Rica y Nicaragua; desde México (por Acapulco); desde Champerico, Guatemala y El Salvador (por Amapala); desde La Brea, Nacaome, San Miguel, Pespire y Sabanagrande.

20 de agosto. — Desde el extranjero, por Panamá, desde Costa Rica y Nicaragua; desde Amapala, La Brea, Nacaome, República de El Salvador (por San Miguel), Pespire y Sabanagrande.

21 de agosto. — Desde San Francisco, California, México (por Acapulco), Guatemala y El Salvador (por Amapala), desde La Brea, Nacaome, San Miguel, Pespire y Sabanagrande.

29 de agosto. — Desde Guatemala y El Salvador (por Amapala), La Brea, Nacaome, San Miguel, Pespire y Sabanagrande.

30 de agosto. — Desde el extranjero, por Panamá; desde Costa Rica y Nicaragua; desde Amapala, La Brea, Nacaome, República de El Salvador (por San Miguel), Pespire y Sabanagrande.

Los barcos de correo procedentes de Panamá llegan a Amapala los siguientes días de cada mes: 4, 6, 10 y 26.

Salen hacia Panamá y puertos intermediarios los siguientes días: 5, 6, 17 y 25.

El correo que sale el día 2 de cada mes llevará correspondencia para La Unión, La Libertad, Acajutla, San José de Guatemala, Champerico y Acapulco, República de México.

ALGUNAS REGLAS POSTALES GENERALES

La oficina postal está abierta al servicio público los días de correo de 8 a 11 a.m. y de 2 a 4 p.m. Después de las 4 p.m. no se admite correspondencia.

Los gastos de envío al interior de la república, a Guatemala, Salvador, Nicaragua y Costa Rica son los siguientes: Cartas de 15 a 50 gramos, 5 centavos; impresos, 50 gramos por cada uno, 1 centavo; circulares comerciales, 5 centavos por los primeros 230 gramos, y 1 centavo por cada 50 gramos adicionales; paquetes, 3, 5, 15, 25 centavos por cada 450 gramos en las respectivas distancias de 5, 10, 20, 35 leguas; más de 35 leguas, 40 centavos.

Los gastos de envío a países extranjeros es el doble que el de Centroamérica. Los paquetes son admitidos solo para Centroamérica.

El remitente de una carta, dirigida a cualquier país de la unión postal, puede franquearla parcialmente o no franquearla, pero el destinatario tiene que pagar el doble del importe de la deficiencia.

El franqueo de cartas previo es necesario con cartas para países que no pertenecen a la unión postal, y cartas del interior; esta es también una regla con todas y cualquier clase de correspondencia. El correo en papel y otros materiales impresos para Centroamérica son gratuitos.

La correspondencia dirigida al obispo y a los administradores de correos es gratuita.

No se admiten cartas que contengan adjuntos, como oro, plata, joyas, etc.

Paquetes que contienen material inflamable, explosivos, o materiales que se descomponen fácilmente, no son admitidos, ni aquellos que excedan el tamaño y peso declarado en la tarifa postal.

El correo cierra a las 4 p.m.

El director general del Correo es un estadounidense, el Sr. Bert Cecil, quien recibió su encargo en diciembre de 1889. El Sr. Cecil también es director general del Telégrafo.

IV
PERSONAS QUE PUEDES CONOCER O NO

Puedes ir a Honduras, llegando desde el lado del Pacífico, y vivir año tras año, en Tegucigalpa u otra ciudad del interior, sin siquiera vislumbrar un caribe. Y sin embargo, casi siempre los encontrarás mencionados, si no discutidos, en los escritos de viajeros que han visitado Honduras. De mi parte, encuentro a estas criaturas — apenas son seres humanos — nada atractivas. Tienen ciertas virtudes negativas; son limpios en sus hábitos y no son dados al asesinato. Su vida es polígama; los machos perezosos reciben el apoyo de sus esposas, que son mucho más musculosas y firmes que ellos. Son habitantes de la costa y también se pueden encontrar en las Islas de la Bahía. Los he visto alegar que son buenos lingüistas, que hablan español, inglés, indio y mosquito, además de su propia lengua; pero nunca he escuchado nada más que galimatías de ellos.

Existe una antigua leyenda india que cuenta los experimentos de los dioses al crear al hombre. Hicieron un hombre de barro, pero no sirvió de nada; la lluvia pronto lo disolvió. Lo intentaron de nuevo con corcho. Estos hombres de corcho no eran perfectos. Tenían inclinaciones paganas y fueron destruidos por un cataclismo, quedando solo unos pocos, una especie degenerada, que se suponía que eran los simios. La tercera prueba fue exitosa, el material empleado fue maíz. Creo que los caribes deben haber surgido de los supervivientes degenerados del segundo experimento. Isabel Cantini, una inteligente escritora de Puerto Cortés, dice:

Exteriormente, los hombres difieren imperceptiblemente de algunas de las tribus africanas. Es en sus características mentales donde muestran una marcada diferencia. El africano común está ansioso por olvidar su tierra natal y sus costumbres, y adoptar lo que él considera civilización, es decir, la vestimenta y los modales de los blancos. No así los caribes; por el contrario, se aferran tenazmente a sus tradiciones, y no les importa informar a un extraño sobre su vida privada, ni acogen con agrado ninguna innovación o mejora y, de ser posible, obstaculizarían cualquier intento hacia el progreso de un país.

Su lenguaje —si la articulación de los sonidos espasmódicamente puede ser denominada con ese nombre— atrae invariablemente la atención del extraño. Siempre que dos o tres caribes hablan juntos, crean tal alboroto que el oyente desprevenido espera en cada momento que lo que él toma por una discusión se convierta en una pelea, hasta que una repentina carcajada lo convence de que este galimatías, áspero y pendenciero, como pueda parecer, no significa nada malo. Y, sin embargo, su lenguaje debe basarse en ciertas reglas gramaticales, ya que hace unos veinte años un sacerdote belga había logrado traducir una parte del Nuevo Testamento al dialecto caribe. Los sacerdotes misioneros que trabajaron aquí, en años pasados, en la conversión de estas personas, difícilmente pueden presumir de un gran éxito porque la conversión fue solo superficial, y con la partida o expulsión de los sacerdotes los caribes han regresado a su religión de dualidad, su genio bueno y malo. El bueno les molesta muy poco, porque en todas las circunstancias no puede ser más que sabio y generoso; es el genio maligno que necesita continuamente ser propiciado, siendo vengativo y cruel. Sus fiestas de Mafla, como se llama al dios del mal, todavía se celebran en determinadas estaciones del año, aunque ya no van acompañadas de las orgías y holocaustos de tiempos pasados.

La creencia común es que llegaron a las Islas de la Bahía desde San Vicente, de donde habían sido expulsados por los españoles. Cierto es que las mujeres de la raza son todo lo que vale la pena considerar, y ellas, simplemente porque son tremendas trabajadoras. Cada macho patán y holgazán suele tener tres esposas, cada una con su propia choza, con las que condesciende a vivir por turnos. De vez en cuando, pero no a menudo, puede dignarse trabajar para algún leñador. Su ocupación principal es vestirse de lino limpio, que sus esposas amazónicas trabajan constantemente, hasta las rodillas en los ríos resplandecientes, bajo el sol tropical, para blanquear en su abominable ejemplo de señor y amo. Cuando las mujeres no están lavando, están trabajando en sus plantaciones de banano, ñame, plátano y yuca. Sacan la raíz del último mencionado y la rallan con sus curiosos ralladores, que se hacen clavando pedazos de pedernal en la superficie de una tabla de caoba. Se quita la piel de la raíz, que es muy blanca. Cuando se ralla la raíz, se coloca en la serpiente de yuca. La serpiente es de palma, trenzada de tal manera que su diámetro se puede agrandar empujando los extremos uno hacia el otro. La serpiente, vacía, tiene unas cuatro pulgadas de diámetro y diez pies de largo. Con los extremos empujados juntos, su longitud se reduce a cinco pies y el diámetro se agranda a seis pulgadas. Se pone la yuca y se sujeta un extremo. Luego se tira del otro extremo y la serpiente se contrae, forzando el jugo de la planta a través de las mallas. El líquido produce almidón de muy buena calidad. La yuca cuando se quita de la serpiente se llama mandioca. Con la mandioca se hacen tortas grandes y delgadas y se cuecen en una plancha de hierro al fuego.

"Las casas de los caribes", dice el Sr. Charles Hansel, "están hechas de un marco de postes, los muros están formados por ramitas de paja sueltas y llenando los intersticios con la arcilla roja del país. El techo tiene una pendiente pronunciada y está cubierto con las hojas largas de la palma de repollo, que tiene un espesor de veinte o veinticinco centímetros y dura siete u ocho años. Estas chozas cuestan alrededor de cuarenta dólares (soles) de dinero hondureño.

Todos los muebles son de caoba; un cofre, dos o tres taburetes, una mesa y, a veces, un armazón de cama, con una calabaza o dos, una bandeja, un mortero para machacar maíz, con el siempre presente rallador de mandioca y serpiente y hamaca, completa el mobiliario del hogar".

En Puerto Cortés, y en los puertos en los que tocan los barcos de Nueva Orleans después de salir de Cortés, para cargar más plátanos, abundan los caribes. Los verás en sus canoas cuando traigan fruta, principalmente plátanos, a la embarcación. Las mujeres hacen mucho de esto, mientras que los hombres parecen disfrutar paseando simplemente por placer en sus pequeñas embarcaciones. Las manejan con una habilidad maravillosa. Realmente es un espectáculo digno de ver, una dama oscura con un solo remo que conduce una canoa pesadamente cargada con los enormes racimos de frutas verdes, y que se acerca al barco en el lugar correcto. Hay un clamor tremendo, bastante lenguaje fuerte, por supuesto, porque llegan al barco en el mismo momento y disputan su turno. Saben cuando llega el barco y están al acecho. En el momento en que se escucha su silbido, los plátanos entran en las canoas, arrastrados apresuradamente a través del oleaje hacia ellos, y salen, remando y conduciendo desesperadamente para llegar allí primero. Las mujeres suelen ir por delante. Ciertamente son bastante repulsivas en apariencia, con sólo una o dos prendas de percal, la cabeza adornada con el inevitable pañuelo y rostros como enormes simios. Sus lenguas corren como molinos de viento; el sobrecargo del barco debe ser ágil para luchar con ellas. A medida que entregan su fruta a bordo, reciben un recibo en papel por el número de racimos, que presentan al sobrecargo para recibir su dinero. La atmósfera que rodea a los barcos mientras se cargan en Puerto Cortés, Sarstoon, Livingston, y así sucesivamente hasta Belice, es de ruidosas blasfemias. Cuando se han deshecho de sus productos, estas curiosas criaturas bailan imprudentemente en sus botes vacíos, hasta que uno se pregunta por qué no caen al mar y son devoradas por los tiburones que abundan en esa costa. Me paré en la cubierta de un barco de Nueva Orleans, observando a una de ellas, que era lo suficientemente fea como para satisfacer al buscador de curiosidad más crítico, y maravillándome de cómo algo tan repulsivo podía ser realmente una mujer, cuando el segundo oficial se acercó y se unió a mí. "Mira esa cara", dijo, con una especie de desesperación. "Bistec normal sobre un tendedero, ¿no?". Él había estado luchando con la dama del semblante mencionado durante unos veinte minutos, habiendo mostrado una disposición a empujar su canoa por delante de un hombre que la había precedido. El segundo oficial suspiró y pareció encontrar una especie de consuelo en su reflejo, que luego repitió sin esperar mi opinión. "Sí señor, eso es", dijo; "¡Bistec sobre un tendedero, nada más en el mundo!".

V
CONSEJOS PARA AGRICULTORES

Hay una gran cantidad de personas en el norte que no tienen un gran capital y, sin embargo, podrían hacerlo bien en Honduras y demostrar una valiosa adhesión al país. Esta gente apenas sabe algo de Centroamérica, pero tienen vagas ideas sobre ir allí y probar su fortuna. Este libro está hecho principalmente para esas personas. ¿En qué puede uno participar de manera rentable si va a Honduras? Esa es la pregunta que probablemente les gustaría responder, en primer lugar; y, en este capítulo y en el siguiente, se hará un esfuerzo por responderla. ¿En qué puede invertir uno sin tener gran capital y esperar tener éxito? Podría responder, de manera general, un centenar de cosas. Pero vamos a considerar, de la manera más concisa y práctica posible, las principales oportunidades. En primer lugar, nadie debería ir a Honduras sin haberse informado primero sobre las condiciones existentes. Debo recomendarle encarecidamente que abra correspondencia con alguna persona responsable en Tegucigalpa, como, por ejemplo, el representante de la American Honduras Company. Tanto el señor Perry como el señor Imboden son hombres de larga experiencia en el país, que no dirán ni una palabra de más ni una palabra de menos. No se enamorarán a su favor, ni exagerarán para depreciarlo.

Pero analicemos algunas oportunidades en la agricultura; en primer lugar, los productos básicos tropicales, cuyo cultivo a escala moderada es fácil y requiere un pequeño desembolso. Estos son bananas, cocos, piñas, naranjas, café, caña de azúcar, limones, mangos, higos, granadas, etc.

La producción de banano de Honduras asciende ahora a millones de racimos por año. Cada barco que sale de la costa norte lleva de diez a veinte mil manojos, comprados, según se llevan en canoas al barco, de veinticinco centavos a un dólar y cincuenta centavos el manojo. La exportación comenzó hace unos diez años, con una pequeña goleta. En la actualidad son veinte los barcos que vienen regularmente a la costa para cargar bananas y otras frutas también. Entre Puerto Cortés y La Masca, cerca de la frontera con Guatemala, a una distancia de unas veinte millas, se producen unos ochenta mil racimos por mes. Honduras proporciona actualmente la mayor parte de todos los bananos exportados de Centroamérica. De hecho, ha alcanzado tanta importancia su producción bananera, que la gente de Belice (Honduras Británica) ha comenzado a sentir la competencia como algo serio. Un número tardío del *Advertiser* de Belice contenía un artículo referido al tema, en el que se admite que "en Puerto Cortés, Omoa, Cieneguita, Chetche, Walla, Muchelena, Mascot y otros lugares en Honduras, la fruta es infinitamente superior que cualquier otra cosechada o enviada desde aquella colonia (Belice). Una carta dirigida por el capitán Leitch, quien tenía un contrato con el gobierno de Belice, al secretario colonial, en septiembre de 1889, solicitando la revisión del precio del banano, dice:

Se compra una clase superior de fruta en Puerto Limón, Boca del Toro y la costa de Honduras por treinta y siete centavos y medio el racimo, y en consecuencia nos es imposible competir con las otras empresas; y tengo que pedir que el grupo estándar de ocho manos se reduzca de cincuenta a treinta y siete centavos y medio.

Y, sin embargo, se puede decir que el comercio de frutas de Honduras está todavía en su infancia.

¿Cómo debería uno comenzar a poner en marcha una finca bananera? Veamos. Primero, debemos seleccionar una buena tierra, no muy lejos de un río, donde la tierra es profunda y rica; porque esta es una planta que grava el suelo severamente. El bosque o el arbusto deben ser desbrozados por los peones, que lo hacen con dos herramientas, el hacha y el machete. El bosque o el arbusto deben ser desbrozados por los trabajadores, llamados peones, que lo hacen con dos herramientas: el hacha y el machete. El machete es algo así como un alfanje; es el cuchillo largo y pesado del que está provisto todo hombre de las clases bajas, y se lleva en un estuche de cuero que cuelga de su cinturón. Es, en pocas palabras, la espada universal. Con este machete, además del hacha, un solo hombre puede limpiar una manzana, que equivale a casi dos acres, de terreno densamente boscoso en veinte a treinta días. El lugar bruscamente despejado debe dejarse secar durante aproximadamente un mes; luego se le prende fuego y el fuego completa el proceso de limpieza. Ahora debemos comprar nuestros chupones, o "matas2, para plantar. Estos los podemos conseguir por alrededor de un dólar por cien. Para una manzana necesitaremos unas cuatrocientas plantas, que debemos colocar a unas cinco yardas de distancia una de otra. Un hombre puede cavar unos doscientos hoyos — debe tener una pala para esto — al día. Dos hombres pueden poner las cuatrocientas plantas de una manzana en el mismo tiempo. Cuando las "matas" estén en el suelo, necesitarán de pocos cuidados. En unos ocho meses debería buscarse el primer racimo. Cuando esto está listo para ser llevado al mercado, toda la planta se corta cerca del suelo; esto deja un muñón. Nuevos brotes o chupones aparecen rápidamente a cada lado de este. No se debe permitir que crezcan más de tres, para tener fruta de buena calidad, que debe estar lista en aproximadamente seis meses, cuando los chupones se cortan nuevamente y brotan nuevos. Este es el proceso que se debe repetir por seis o siete años, después de lo cual es bueno plantar otra cosa y dejar descansar la tierra.

El desembolso debería ser el siguiente, por una manzana:

Despeje: $10
Cuatrocientas matas: 4
Plantación de las matas: 4
Trayéndolas: 2
Limpieza de la plantación los primeros dos años: <u>10</u>
Total: $30

Los rendimientos esperados para los dos primeros años son: 350 racimos al menos de las primeras 400 plantas; el segundo año, con tres nuevos retoños por cada 400, debe dar por lo menos 1,000 racimos, haciendo en total 1,350 racimos. Estos a, digamos, 30 centavos por racimo, darían $405. La ganancia es de $375, o más del 1,000 por ciento.

Además de exportar bananos en su estado normal, la atención podría centrarse en secar y enlatar la fruta. El Sr. De León, de la firma De León & Alger, en Puerto Cortés, dice que ha hecho muchos experimentos exitosos al enlatar bananas para enviarlas a los mercados europeos.

A continuación, echemos un vistazo a los cocoteros. El quinto o sexto año después de la siembra, la palma de coco da fruta; de ahí en adelante, dicen, durante cien años. Las plantaciones de cocos están en su mayoría cerca de la costa y, para un extraño, presentan una imagen hermosa, de hecho, puedo decir maravillosa. Las hojas son como plumas tremendas que se agitan con la brisa, algunas de ellas de cinco a seis metros de largo. Los árboles crecen a una altura de cuarenta a cincuenta pies. El rendimiento medio anual de un árbol es de cien cocos, aunque algunas producen de dos a trescientos. Estos cocos aportan a Nueva Orleans veinticinco dólares por mil. Pueden venderse a los barcos por un dólar y un cuarto por cien. Una plantación de cinco o diez mil árboles le dará al propietario un ingreso de cinco o diez mil dólares anuales, más allá de los gastos.

Las hojas de los árboles pueden usarse para techar casas, para hacer velas, cestas y esteras. De los cocos, cuando están medio maduros, se obtiene una agradable bebida llamada pipa. La carne de coco se utiliza de muchas formas como alimento; el casco y la corteza harán cuerdas y redes, y el aceite de coco se puede utilizar para media docena de propósitos diferentes.

El cultivo de piñas y naranjas puede combinarse ventajosamente con plantaciones de plátanos y cocoteros. Estos, al igual que los limones y las limas, parecen ser autóctonos.

El café se cultiva en las tierras altas del interior con gran éxito. La cuestión del transporte desde allí a la costa necesita ser resuelta, a fin de que se puedan iniciar plantaciones de café, similares a las de Costa Rica y Guatemala, en las muchas laderas de las montañas. El café crece mejor a una altura de uno a cuatro mil pies. El mejor tipo de tierra es una pendiente, que ofrece un drenaje fácil y algo de refugio. En terreno llano, los cafetos se deben plantar en alternancia con plátanos, que les proporcionarán sombra. Los árboles jóvenes se colocan generalmente cuando han alcanzado un crecimiento de cuarenta y cinco centímetros. Los agujeros deben cavarse unos días antes de colocar las plantas en ellos. La plantación necesita los cuidados más riguroso. Hay que eliminar constantemente las malas hierbas y vigilar a los insectos. El café florece en marzo. La flor es una delicada flor blanca, con la fragancia más tenue imaginable. Dura solo unos días. Los campos de café en flor son muy hermosos. Durante la temporada de lluvias, la fruta crece y madura. En noviembre, con el inicio de la temporada del verano, la cosecha está lista para ser recolectada. Todavía no hay grandes establecimientos que se beneficien del café en Honduras; esos están por venir.

Los campos de caña de azúcar se pueden ver mientras uno baja a caballo por el espléndido valle de Comayagua, extendiéndose verde hacia la distancia. Más adelante hacia la costa, en el departamento de Santa Bárbara, y cerca del lago Yojoa, hay grandes cantidades de caña. En Olancho se cultiva mucho y, de hecho, en todo el país hay más o menos. Todo el que tenga ganado tiene un parche para alimentar a su ganado. Al ganado le gusta mucho. La caña, con la maquinaria adecuada, podría fabricarse para producir un azúcar igual o superior al que se importa y se vende a veinticinco centavos la libra. Se podía conseguir más dulce nativo, o producto amarillo común, y a precios más bajos. El aguardiente que se elabora es un monopolio del Gobierno, y el derecho a fabricarlo debe obtenerse del Gobierno. Es probable que se realicen negocios ilícitos considerables a pequeña escala. El aguardiente se vende a setenta y cinco centavos y un dólar por botella.

Los limones crecen abundantemente en las tierras costeras y las limas en el interior. Los mangos crecen casi en todos lados. A partir de los mangos se pueden hacer deliciosas conservas o la fruta se puede enlatar para la exportación. Creo que los higos, en una forma similar, podrían enviarse de manera rentable a Norteamérica y Europa. Las granadas y granadillas abundan y no son tan perecederas.

En todas las tierras de la costa norte se encuentra una gran variedad de otras frutas tropicales, cuyo cultivo bien podría incluirse en una plantación. Algunos de estos son guayabas, anonas, melones, aguacates, ciruelas, zapotes, aceitunas y negritos.

Además de las frutas podemos recurrir a otros productos vegetales que se pueden cultivar. De estos, bien podrían considerarse el algodón, el tabaco, el índigo, la vainilla, el cacao, el pimiento morrón, el jengibre, la pimienta y el pimiento. Una finca general en cualquier localidad montañosa puede incluir papas, arroz, trigo, maíz, ñame, plátanos, frijoles y todas las verduras de la zona templada como: tomates, judías verdes, guisantes, coles, remolachas, nabos, coliflor, lechuga, pepinos, calabazas, melones almizcleros, apio, rábanos, etc.

El tabaco de Honduras es de excelente calidad. El algodón fue cultivado hace veinticinco años en el país, por un estadounidense de Georgia que tomó su cultivo como un experimento. Eligió el barrio de San Pedro Sula, actual término interior de la línea ferroviaria que parte de Puerto Cortés, y allí sembró varias hectáreas con semillas que había traído de su casa en Estados Unidos. Era la que se llamaba la variedad Sea Island. Logró producir árboles de algodón con tallos de siete y ocho pies de alto y catorce de circunferencia. Pudo recolectar tres o cuatro veces al año; las cosechas producían quinientas libras por acre. Esta plantación rindió bien durante unos diez años, al final de los cuales los árboles parecieron convertirse en madera. Hay un algodón nativo que casi siempre tiene una fibra rojiza pálida. El principal obstáculo parecería ser la escasez de mano de obra, lo que imposibilita la recolección adecuada del algodón. Con capital suficiente, y tal vez con una cierta cantidad de mano de obra importada, se podrían buscar grandes ganancias. Los negros de Estados Unidos, que entendían cómo hacer el trabajo, naturalmente serían las mejores manos para tener. Uno debería montar sus propias desmotadoras y prensas y entrar en la industria con celo y determinación.

La maravillosa riqueza de Honduras solo en sus bosques difícilmente se puede imaginar sin visitar el país. La caoba, el cedro y el palo de rosa son las principales maderas para muebles exportadas. La caoba y el palo de rosa son más abundantes en la costa norte; el cedro es bastante común en todos los departamentos. Se encuentra en gran abundancia, al igual que el lignum-vitae en

Comayagua. Cerca del río Sulaco hay algunas cualidades notables. Hay bosques nobles de encino, pino, ronrón, nogal, encino, higuerón, guayacán, ceiba, masica, granadilla, espino verde, nardo, alazar, guano, tamarindo y morera para gusanos de seda. Olancho y Colón tiene magníficos recursos naturales en esta dirección. Desde la costa hasta Juticalpa, a lo largo del Guayape o Patuca y el Guayambre, hay bosques de bálsamos, caoba y cedro, además de vastas extensiones de pinos. Las maderas colorantes son abundantes: palo de tinte, mora de clavo, madera de Brasil y otras. Los árboles y plantas medicinales incluyen la zarzaparrilla, la ipecacuana, el ricino, la corteza del Perú, etc. Los árboles que producen productos resinosos comprenden el copal, el guapinol y el bálsamo. El hule o árbol del caucho abunda en la costa.

De acuerdo a información proporcionada por el Sr. Mahler, de Puerto Cortés, un viejo pinero comerciante de madera, las principales maderas enviadas actualmente a Inglaterra y Estados Unidos son la caoba, el cedro, el palo de rosa, cebra y mora de clavo. Él dice:

El precio de la caoba en Londres varía de ciento diez a ciento setenta y cinco dólares por mil pies superficiales, y el cedro de noventa a ciento treinta dólares en oro. Estos se cortan en longitudes tan largas como se puedan enviar convenientemente, mientras que el palo de rosa, la cebra y la mora de clavo se cortan en longitudes cortas y se envían como estiba o lastre, lo que hace que el flete cueste menos de lo que costaría para longitudes largas. Estos últimos se venden por tonelada: el palo de rosa de veinticinco a cuarenta dólares, y la mora de clavo de treinta a cuarenta y cinco dólares. Todos los troncos se cuadran antes del envío, para evitar el pago de fletes en losas y desperdicios, así como para ocupar menos espacio en las embarcaciones.

El costo promedio actual de las vigas cuadradas en las barras, listas para embarcar, es de treinta a cuarenta dólares por mil pies para caoba y cedro, y de ocho a diez dólares por tonelada para palo de rosa, mora de clavo y cebra. Los fletes a Londres para la caoba y el cedro son de cuarenta a cincuenta dólares por cada mil pies, y como el palo de rosa, la cebra y la mora de clavo se utilizan como estiba, se envían a un costo menor, el costo es de cinco a seis dólares por tonelada, por lo tanto dejando una buena ganancia al cargador de estas maderas.

El mismo señor nos informa que los primeros leñadores en el territorio de Honduras vinieron de la colonia británica Belice, hace unos ciento cincuenta años, trayendo consigo sus esclavos y ganado. Sus viejos campamentos todavía son parcialmente visibles entre los bosques nuevos y densamente crecientes entre los ríos Ulúa, Chamelecón, Patuca y Wanks, en la costa atlántica de esta república, los cazadores de madera se encuentran con frecuencia en sitios ocupados por sus precursores hace casi dos siglos.

La tala es un negocio peculiar en sí mismo y requiere un grupo de hombres resistentes, ya que no solo hay mucho trabajo duro, sino también una gran exposición al clima húmedo y cálido de las tierras costeras.

Por lo general, hay treinta o cuarenta hombres en un campamento maderero, con un capataz. Los hombres se dividen en compañías, cada una con un capitán. También está el "cazador", que examina los árboles que se van a cortar e informa al capataz. Los hombres trabajan por tareas, cada uno está provisto de un hacha y un machete. No se talan árboles que tengan menos de dos metros y medio de circunferencia y dos árboles hacen la tarea de un día para un hombre. Hay algunos árboles que tienen una circunferencia de veinticinco pies. Tal árbol ocupará a cuatro de los hombres más expertos por un día. La masica, o nogal, no se corta nunca, pues las hojas de éste constituyen el alimento del ganado que se utiliza para acarrear los troncos. La tala de la madera se puede realizar en cualquier época del año, pero por lo general los troncos se encuentran en las orillas del río al comienzo de la temporada de lluvias. Allí se sellan con las iniciales del propietario y se llevan en balsa río abajo hasta el mar, para ser cargados a bordo del barco.

El salario del capataz es de sesenta a cien dólares mensuales; los capitanes reciben de catorce a veinte dólares mensuales y raciones; los leñadores, de diez a catorce dólares al mes y raciones.

La madera en tierras gubernamentales puede ser cortada por cualquiera que se haya presentado ante el administrador de aduanas y le haya convencido de que tiene los medios para transportar lo que corta al mercado. Esto se hace obligatorio, porque antes se cortaba mucho y se dejaba que se pudriera en el suelo.

Las estadísticas de 1888 muestran que durante ese año se exportaron a los Estados Unidos 611,598 pies superficiales de caoba y cedro, lo que representa en Honduras un valor de $37,952.

Los derechos de exportación de caoba y cedro son de ocho dólares por mil pies superficiales.

El hule, o caucho, es mayormente sacado de los bosques por huleros nativos, o caucheros, que lo entregan a los comerciantes de la costa y a los vecinos del Guayape. El proceso es sencillo. El hulero sale por la mañana, provisto de un machete, una cuerda de quince o dieciséis pies de largo y un par de escaladores como los que usan los telegrafistas. Penetra en las profundidades del bosque y busca los esbeltos árboles de caucho con sus suaves troncos. Selecciona uno y en su base cava un hoyo en el suelo para atrapar la savia. A veces corta un palo de bambú para este propósito. Pasa la cuerda alrededor del árbol varias veces y sujeta el extremo. Luego corta la corteza de tal manera que forma un círculo que se inclina hacia abajo en el punto donde quiere que corra la savia, algo así como una V. A veces corta un palo de bambú para este propósito. Pasa la cuerda alrededor del árbol varias veces y sujeta el extremo. Luego corta la corteza de tal manera que forma un círculo que se inclina hacia abajo en el punto donde quiere que corra la savia, algo así como una V. Aquí coloca un trozo de hoja para formar un pico desde el cual la savia pueda caer en el agujero del suelo o en el palo de bambú. Luego sube lentamente al árbol por medio de la cuerda y los trepadores, cortando muescas que rodean el tronco cada cuarenta y cinco centímetros, cada uno, como el primero, formando una especie de V en el lado contiguo. Estos comienzan a sangrar muy pronto y el líquido espeso de color crema corre hacia el agujero en el suelo. El hule líquido se coagula con el jugo de una vid silvestre que crece en el bosque, y después de unas horas se convierte en goma sólida. Un buen árbol en su primer corte debe producir cuarenta o cincuenta libras de caucho.

VI
GANADERÍA, AVICULTURA, ETC.

Las ventajas naturales de Honduras como país para la ganadería son innegables. Los espléndidos valles de Comayagua, Santa Bárbara, Gracias, Yoro, Olancho y Colón ya están llenos en algunos lugares por rebaños de ganado; pero hay espacio para un gran crecimiento de la industria, no solo en los departamentos mencionados, sino también en otros. En la vertiente del Pacífico, en Choluteca, La Paz y Tegucigalpa, donde hay mucha menos lluvia, el pasto no es tan bueno como en el lado del Atlántico, donde los vientos cargados de humedad del Caribe se fuerzan constantemente hacia arriba y hacia arriba trayendo consigo lluvias para refrescar la tierra. Sin embargo, en ciertas temporadas, cuando las lluvias vienen del Pacífico, hay una vegetación exuberante en las laderas de los departamentos de esta región. Durante largos períodos de sequía, el ganado debe ser alimentado con caña de azúcar, maíz verde, plátanos y diversas frutas que les gustan.

Se puede decir, entonces, que las mejores regiones para el pastoreo son las de Santa Bárbara, Gracias, Comayagua, Yoro y Olancho. Estas vastas sabanas están cubiertas de gloriosas hierbas esmeralda durante todo el año y son regadas a intervalos frecuentes por hermosos arroyos. En todo Honduras hay probablemente seiscientas mil cabezas de ganado. Los métodos actuales de cría muestran algunos intentos loables por mejorar la población. Estos están siendo hechos principalmente por extranjeros. Los nativos todavía tienen mucho que mejorar. En algunas partes del país, a las vacas se les permite amamantar a sus terneros durante demasiado tiempo. En un interesante artículo sobre el ganado de Honduras, el honorable D.W. Herring, ex cónsul de los Estados Unidos, dice: "Con frecuencia se puede ver una vaca parada en silencio, mientras que un ternero joven tirando de un pezón en un lado es ayudado a vaciar la ubre por un añojo que chupa un pezón en el otro lado. Se ha visto el espectáculo de una vaca amamantando a un becerro, mientras una novilla se paraba chupando el pezón opuesto, y al mismo tiempo daba de mamar a su propio recién nacido apenas secado por el sol". El mismo escritor dice: "La costumbre de seleccionar para el matadero a los toros más fuertes, suaves y mejores del rebaño, sin duda ha contribuido mucho a frenar la tendencia natural al mejoramiento de la raza".

El ganado del país no alcanza la madurez temprana. Las novillas no dan a luz a sus primeros terneros hasta los tres años. No se sacrifican animales de menos de seis o siete años.

Los peligros contra los que hay que protegerse son los de alguna bestia salvaje ocasional, como el puma o el tigre, que matará a los terneros jóvenes o incluso a los de un año. También hay un insecto, conocido como araña de ganado, que a veces se adhiere al animal justo por encima de la pezuña. A menos que se trate a tiempo con amoníaco o jugo de tabaco, esto puede resultar en la pérdida de la pezuña.

Las tierras públicas son gratuitas para pastar para todos los ganaderos; si uno desea cerrar un espacio, debe obtener el derecho del gobierno. Cercar no es absolutamente necesario; el ganado no se desviará de ningún lugar al que está acostumbrado, cuando haya sombra, refugio, agua y no haya tormentas severas que lo lleven de un lado a otro. El Sr. Herring dice que "cincuenta centavos por cabeza cubrirán todos los gastos necesarios para mantener un rebaño de ganado en Honduras. El nativo o indio es, por instinto, entrenamiento e inclinación, un 'vaquero' o pastor. Puede conducir fácilmente rebaños por los senderos del bosque entre las colinas y encontrar fácilmente cualquier animal que se desvíe de la manada. Es un cazador entusiasta y, por lo tanto, útil para proteger a la manada de los ataques de los animales salvajes. Estos hombres pueden ser contratados por cien a ciento cincuenta dólares al año. Son dóciles, fieles e incluso cariñosos con quienes los tratan con justicia. Se alimentan fácilmente, ya que los plátanos, bananas, ñames y otros alimentos de los que suelen vivir, crecen en todas partes del país".

Hay un impuesto gubernamental de dos dólares por cabeza sobre la venta de ganado y un impuesto municipal de cincuenta centavos por cada animal sacrificado. La ley prohíbe el sacrificio de vacas capaces de reproducirse.

La exportación de ganado es mayoritariamente a Belice, aunque algunos animales se envían a las repúblicas vecinas de

Centroamérica. Hay un impuesto de exportación de dos dólares por cabeza para los toros y novillos, y de dieciséis dólares para las vacas. Se trata de un reglamento muy acertado, que prácticamente prohíbe el envío fuera del país de lo que se necesita en él.

Las últimas estadísticas muestran que se exporta aproximadamente la misma cantidad de cabezas de Puerto Cortés que de Trujillo; de Amapala alrededor de una quinta parte de los de cualquiera de esos puertos, y de las fronteras alrededor de seis veces más que de Puerto Cortés o Trujillo.

El ganado en Honduras se marca como en los Estados Unidos. Las marcas se registran en los distritos donde se mantienen los distintos rebaños, y cuando se vende un animal, se indica su marca en la factura de venta.

Hace algún tiempo, el *Honduras Progress*, en un artículo referido al mejoramiento de forrajes en ciertas partes de la república, aprovechó la ocasión para referirse a la planta conocida como espercet, que se ha convertido en el principal pasto forrajero de Alemania. Dice:

Como planta forrajera, merece una gran consideración y, debido a la casi total falta de necesidad de cultivo después de su primera plantación (al ser una planta perenne), casi podría considerarse como una maleza.

Su crecimiento es muy rápido, incluso en el suelo más pobre y poroso, y la gran longitud a la que la raíz penetra en el suelo excluye toda necesidad de otro riego que el causado por la humedad natural de la tierra, dejándolo casi totalmente intacto en el en medio de la sequía más severa.

Crecerá hasta una altura de cuarenta y cinco centímetros a sesenta centímetros sobre un suelo rojo y duro que resistirá bastante al pico, pero que necesariamente florece mejor en condiciones más favorables; mientras que unas pocas lluvias de verano harán que crezca alta, subiendo con frecuencia hasta la altura de la barbilla de un hombre, creciendo tan densamente que es muy molesto cortarla; de siete a ocho toneladas por acre no es un rendimiento inusual.

Durante el primer año no produce semilla; pero después de eso, la semilla se forma en vainas largas y en grandes cantidades.

Tiene mejor éxito en un suelo seco que contiene cal.

No se debe olvidar que los cueros se exportan en grandes cantidades desde Honduras, así como desde otros países centroamericanos. Los nativos también los emplean para muchos fines. Las clases más pobres los usan de muchas maneras, a menudo haciendo sus camas con ellos.

Hay muy pocas ovejas en el país. Un solo rebaño o quizás treinta ovejas, en el departamento de Comayagua, fue todo lo que vi en más de un año en el país. Un intento de criar ovejas implicaría proporcionar refugio contra las fuertes lluvias.

Frecuentemente miré cabras en los distritos montañosos.

Casi todas las familias fuera de las grandes ciudades crían cerdos. Sin que se les preste especial atención, prosperan y, a su debido tiempo, se convierten en excelentes chuletas de cerdo, salchichas o manteca. La manteca de cerdo, hay que confesarlo, es extremadamente cara. Se utiliza para cocinar de todo, porque hay que recordar que no hay mantequilla, excepto la que se importa en latas y cuesta mucho. No hay razón, debo decir, para que la mantequilla, como la que se hace en Costa Rica, no deba ser producida en Honduras, cuando el ganado y los productos lácteos se hayan mejorado en determinadas formas.

No veo por qué la cría de cerdos no debería resultar inmensamente rentable. El maíz, que necesita ser plantado, o el ñame, sería el mejor alimento imaginable.

La cría de aves de corral a una escala algo mayor de lo que se conoce en el país también pagaría. Los pollos, pavos, patos y gansos se venden a buenos precios; los huevos a veces son deprimentemente escasos y caros. Recomendaría la importación de buenas incubadoras y la construcción de buenos gallineros.

VII
LA PITA

El mejor tipo de plantas de fibra, estamos asegurados por buena autoridad, son *Musa textilis, Baehmeria nivea y B. tenacissima, Agave sisalana, Fourcroya, Ananassa nativa y Bromelia pingüino*; en un lenguaje más sencillo, el cáñamo de Manila, el ramio de China, el sisal cáñamo, cáñamo de cuerda de arco, cáñamo de pita, pasto de seda y fibra de pingüino. La pita se conoce comúnmente como Agave Americana o aloe americano. Pertenece, según las mejores autoridades, a la familia de las ananás. Puede surgir de la semilla; la práctica habitual, sin embargo, es plantar chupones, que se obtienen dividiendo las raíces y tomando yemas vivíparas.

La pita nunca se ha cultivado en Honduras, pero crece en forma silvestre tanto en las tierras bajas como en las laderas de las montañas a una altitud de cuatro mil pies. Una vez que ha tomado posesión de una región, esta planta comienza rápidamente a monopolizar el suelo, excluyendo toda otra vegetación excepto los árboles. Cada planta tiene de treinta a cuarenta hojas enormes que miden de seis a diez pies de largo y tienen dos o tres pulgadas de espesor. La fibra se extiende en filamentos a lo largo de toda la hoja. La cubierta exterior es extremadamente difícil de quitar. Los indios suelen machacar la hoja sobre una piedra, luego secarla al sol y machacarla por segunda vez, después de lo cual la peinan para obtener una fibra limpia. Los caribes, por otro lado, empapan las hojas en agua hasta que la cubierta esté lo suficientemente descompuesta para poder quitarla fácilmente.

Mucho se ha pensado y dicho sobre el tema de la maquinaria para realizar correctamente este trabajo de extracción de la fibra. Hasta hace muy poco, nadie había logrado inventar un método totalmente exitoso. Creo, sin embargo, que durante el año 1888 se publicaron relatos de una máquina que podía hacer lo que se requería y que pronto sería instalada en una plantación de Nicaragua. Hasta que tales máquinas puedan introducirse en Honduras, la pita seguirá siendo una riqueza desperdiciada. Es cierto que la fibra preparada a mano ya se usa mucho para hilo de zapatero, redes, cordeles, hamacas, etc. Se puede comprar a los indios en el campo, en paquetes, a treinta centavos la libra. En las ciudades se vende a zapateros y otros a ochenta centavos la libra. El método nativo de preparación manual es, por supuesto, demasiado costoso y las cantidades son demasiado pequeñas para admitir la exportación. Por otro lado, maquinaria adecuada podría preparar anualmente miles de toneladas de fibra, lo que podría resultar de inmenso beneficio para el comercio del país.

El mejor plan de propagación es colocar las plantas jóvenes en hileras regulares y mantener despejados los espacios intermedios durante los primeros seis meses; al final de ese tiempo las plantas pueden cuidarse solas. Deberían alcanzar un crecimiento completo en unos seis años. Una sola planta de pita en flor, con su largo y delgado tallo en flor de veinte o treinta pies de altura, es una vista hermosa. Valdría la pena contemplar los campos que contienen miles de ellos. Se pueden cultivar alrededor de mil plantas en un acre, cuyo rendimiento debe ser de al menos seis mil libras. La plantación debería durar diez o doce años.

El Sr. Thomas R. Lombard dice de la pita que parece producir una fibra más fina que la planta correspondiente en México: el maguey. Esta última es la planta de la que se obtiene la gran bebida autóctona, el pulque mexicano. Los nativos tienen su método peculiar de extraer el jugo, succionándolo en un tallo hueco que han insertado en un corte hecho en el tallo de la planta, y dejándolo salir del tallo a una calabaza. Dejan reposar el jugo una semana para hacer pulque; si permanece dos semanas, se convierte en mezcal, que es mucho más fuerte. El pulque es recetado por muchos médicos como una bebida saludable diaria, que debe tomarse únicamente al mediodía.

En Yucatán, el *Agave sisalana*, o henequén, se cultiva y exporta desde hace algún tiempo con notable éxito; de hecho, nos enteramos de que los hombres que se dedican a esta industria hacen grandes fortunas. Las partes más finas del cáñamo de sisal se pueden tejer ventajosamente con yute, lino o incluso algodón. Se blanquea y se colorea a la perfección y sin perder fuerza. Los nativos de Yucatán usan el cáñamo principalmente para hacer redes, esteras y hamacas. En 1888 el número de hamacas de henequén exportadas desde Yucatán a Estados Unidos era de unas cuarenta mil.

El Sr. Lombard dice además de la pita:

"La fibra cruda tiene el mismo valor que el cáñamo de Manila, cuando se aplica a usos ligeros; pero en finura, resistencia y durabilidad es muy superior. La última fibra es aún más fina que la de los hilos de seda hilados por el gusano de seda. Se mostro a el escritor los dos bajo un poderoso microscopio en Lyon, Francia, y escuchó muchas exclamaciones de sorpresa por parte de los fabricantes ante este resultado inesperado, y por el hecho de que la fibra de pita no perdió su fuerza cuando se redujo al fino estado del hilo dental. Se han hecho experimentos de tejer esta fibra cuando se usa con algodón, lana o seda; y se ha descubierto que esto se puede realizar de forma ventajosa. Como la fibra posee un brillo sedoso propio, los fabricantes han pensado que sería valioso mezclarla con seda, especialmente en la fabricación de telas pesadas para cortinas, donde se requieren peso, resistencia, durabilidad y acabado".

Se han enviado muestras de la fibra de pita a Europa y allí se han convertido en cintas, pañuelos, pelucas y cabello postizo. Todas las personas que han hecho un examen minucioso del tema, declaran que un factor tremendo de prosperidad comercial está todavía inactivo en Honduras y que, si se maneja adecuadamente con el capital suficiente y la maquinaria requerida, podría producir grandes ganancias para quienes emprendan esa empresa y también a la nación misma.

PARTE IV

HAMACA Y MONTURA

I

EL PRIMER DÍA FUERA

Fue un domingo por la mañana de octubre que me dispuse a viajar solo —salvo un mozo— desde Tegucigalpa hasta San Pedro Sula, allí para tomar el tren a Puerto Cortés y de allí el barco a Nueva Orleans. El día anterior había contratado a un Trinidad Cisneros, un tipo interesante, originario de Salvador, para que me guiara a salvo hasta la costa. Este señor bajaba con un par de mulas de carga para recibir una carga entrante, y se alegró de "matar dos pájaros de un tiro". El sábado me había asegurado positivamente que estaría disponible a las cinco de la mañana, para que pudiéramos empezar temprano. Sabía tanto sobre la lentitud del mozo medio que no me sorprendió tener que esperar hasta casi las ocho para que apareciera. Cuando por fin llegó, vi, para mi asombro, que no había traído más que una mula y un burro pequeño.

"Rece, señor Cisneros", observé, "¿quiere que me monte en el burro? ¿O van a dejar atrás mis baúles?". Inmediatamente me explicó que el burro podía llevar los baúles hasta Comayagua, donde sería reemplazado por una mula de carga adecuada, recién salida del potrero. Naturalmente, estaba molesto por ese comienzo del viaje. Mi equipaje era deliberadamente liviano, de modo que pudiera seguirme el ritmo, una cuestión fácil, si lo cargaba en un buen animal. Pero tal como estaban las cosas ahora, debería tener que andar despacio para esperar al burro. Otra cosa, la dignidad de mi salida de la capital se vio empañada, si no arruinada. Había contado con un comienzo muy temprano, sin la compañía de amigos para despedirme, como es habitual en Honduras; y en cambio, debo desfilar por la ciudad con un burro ridículo moviendo las orejas entre mis baúles, justo en el momento en que las calles se llenan de gente yendo a misa.

En medio de mi enfado, subió don Joaquín Escobar, el director general de Correos, montado en su espléndido caballo blanco, Napoleón. "Voy a salir al camino con usted", dijo, "hasta donde pueda llegar y volver a tiempo para un asunto que hay que atender". Era el "día del correo extranjero" y, por tanto, me pareció muy bueno por parte del caballero.

Partimos con ánimo alegre, dejando a Trinidad para seguirnos con burro y equipaje. Don Joaquín conocía el camino, por supuesto, y no tardamos en cruzar el largo puente, bajar por Comayagua y avanzar a todo galope por el camino amarillo que va hacia Comayagüela.

Cuando don Joaquín hubo llegado tan lejos como pudo, y regresó a tiempo, nos detuvimos y esperamos a que subieran guía y equipaje. Mi amigo le dio al mozo algunos buenos consejos sobre los abrigos de goma, mantener seco el equipaje y cuidarme bien en general y en particular.

Nos dimos palmadas en el hombro, al estilo hondureño, y dijimos "Adiós". El espléndido caballo de don Joaquín desapareció al galope en la distancia y yo continué mi viaje de cien leguas.

De Tegucigalpa a Comayagua se calculan veinte leguas o sesenta millas. Esperaba recorrer la distancia para el mediodía del día siguiente. Mientras tanto, el burro podría resultar un serio obstáculo. Al salir el sol, el tremendo sol tropical, abrumador en esos huecos circulares donde el viento no puede apresurar, mientras se apresura a otra parte por los largos pasos, como algún demonio últimamente desencadenado, avanzamos a velocidad moderada. Seguí adelante, pues el camino seguía siendo un camino de carretas; todavía no se había reducido a un rastro, como debería ser más adelante. El burro siguió corriendo alegremente detrás; los baúles que llevaba crujieron levemente en sus cuerdas. El mozo caminaba pesadamente tras su paso. Normalmente, los mozos de Honduras prefieren viajar a pie. Éste vestía el habitual y cómodo traje de pantalón blanco y chaqueta blanca, sombrero de pita blanco y sandalias de piel abrochadas con cordones sobre los pies, entre los dedos y alrededor de los tobillos. Llevaba una buena pistola, un machete y una calabaza para beber. Su nombre era "Trinidad", era servicial, honesto y dado a los discursos grandilocuentes.

Habiendo formado esta estimación del individuo que iba a ser mi único compañero humano durante unos seis o siete días de comunión con la naturaleza, lo aparté de mis pensamientos. El recuerdo de Tegucigalpa, ciudad pintoresca y tranquila, estaba fresco en mi mente. Catorce meses de experiencia en los trópicos me absorbieron. El rugido de un molino de treinta sellos en una ciudad minera de donde yo acababa de llegar sonó en mis oídos. Las voces de las personas de las que me había separado recientemente regresaron como en un sueño; rostros que tal vez no volvería a ver se alzaron ante mí. Tuve, por un instante, la sensación de impotencia de estar a la deriva en un mar extraño; luego la sensación de quien apenas ha aprendido a nadar, cuando alguien lo empuja al agua. La voz alegre de Trinidad me despertó:

"Hay una casa cerca donde podemos desayunar".

"¡Desayuno!" Me había olvidado de esa importante comida. "¿Qué tan lejos está?".

"A unas dos leguas".

"¡Hombre! Dos leguas son seis millas. Eso no es cerca".

"Pues, hombre. Son leguas pequeñas".

Y estoy bastante seguro de que recorrimos diez millas antes de llegar al lugar. Los mozos de Honduras no tienen idea de la distancia. Las "leguas largas" y las "leguas cortas" son materia de conjeturas.

Para viajar con comodidad en Honduras se debe ir vestido adecuadamente, tener un buen animal y saber montar. Para la primera de las tres condiciones, la pana es un buen disfraz; no es demasiado pesado excepto a la mitad del día, cuando no se debe montar, sino descansar. Un sombrero de ala ancha es indispensable. Los extranjeros suelen preferir el casco de dos puntas. Los nativos a menudo viajan con paraguas abiertos, lo que, aunque incongruente, no siempre es desacertado. En cuanto a conseguir una buena bestia, no suele ser tan fácil. Una mula con una velocidad razonable es más segura y aguanta más que un caballo. Y en materia de equitación, algunas personas nacen jinetes, mientras que otras nunca adquieren los principios de la equitación. La práctica, por supuesto, es importante.

Hay un pequeño insecto, que también se convierte en un insecto más grande, contra el cual el viajero debe protegerse. Ciertos arbustos y plantas están cubiertos con miles de estas plagas, una de las cuales, si te ataca, te hará sentir más incómodo. El nombre del insecto es garrapata. Se debe temer más a la pequeña que a la grande, pues es casi imperceptible. Tiene la costumbre de enterrar la cabeza en la carne y dejar una parte allí, haciéndola un lugar doloroso y duradero. Al recorrer los estrechos senderos donde las plantas y los arbustos se elevan a ambos lados, uno debe tener cuidado de no cubrirse con garrapatas. Las pulgas de los trópicos atormentan extremadamente a muchas personas del norte al principio. La limpieza y la atención mantendrán la casa libre de esta molestia, a menos que esté construida sobre un suelo arenoso peculiar. En las costas, donde la tierra es negra y húmeda, creo que no hay pulgas. Por otro lado, a nadie se le ocurre nunca el mosquitero en la montaña, porque no hay mosquitos, mientras que en Trujillo abundan y en Puerto Cortés hay pocos. En San Pedro Sula hay moscas de arena que se deleitan desde el mediodía hasta el anochecer.

Mi intención, previa al advenimiento del burro, había sido llegar esa tarde al lugar llamado Protección, que está algo así como a medio camino entre Tegucigalpa y Comayagua, y quedarme allí toda la noche. Pero ahora, con el comienzo tardío y los pobres animales, preveía que esto sería imposible. Al principio fue provocador, pero pensándolo bien, y sabiendo que disponía de tiempo de sobra para llegar al barco si tardaba diez o doce días en bajar, me pareció que era mejor proceder tranquilamente y conocer mejor el país.

La casa que Trinidad tenía en mente apareció de repente a la vista. Cabalgamos —yo lo hice, al menos— y Trinidad condujo el burro a la sombra del techo de paja que se proyectaba. Cuando digo "condujo", hablo con premeditación, porque él solía agarrar la cola del burro. Desmonté, aunque la señora de la casa al principio estaba bastante segura de que no tenía nada que vendernos. Casi siempre es así en los lugares donde se intenta conseguir comida en esos países.

Todos los viajeros que han estado sobre el suelo están acostumbrados y todos relatarán la experiencia idéntica del "no hay". Como regla, concluyen así: "Bueno, estaba decidido a comer algo. Vi un pollo corriendo. Lo derribé con una piedra, le retorcí el cuello y se lo llevé a la mujer. 'Ahora', digo yo, 'cocíname esto y te pagaré lo que valga'". Nunca conocí a una persona que viajara por Honduras que no contara esta historia. ¡De alguna manera siempre me ha parecido extraño que la piedra nunca haya fallado al desafortunado pollo! Yo, por mi parte, vi gallinas, es cierto; pero no les apunté con piedras. Si lo hubiera intentado, lo más probable es que hubiera golpeado a la mujer en el ojo, porque a veces lanzo muy mal. Pero yo hablé y Trinidad habló; y entre nosotros suavizamos a la anciana, que era gorda y de hombros desnudos, con un hermoso collar de cuentas doradas, para que nos proporcionara un estofado de callos —que se lamentaba diciendo que había sido preparado para su suegra— y algunas tortillas y café sin leche. Había metido algo de pan francés y una lata de jamón en la alforja, junto con un frasco de brandy, antes de salir de Tegucigalpa. Ahora descubrí, en la investigación, que el jamón, que había abierto para asegurarme de su estado, se había mezclado bastante íntimamente con mi libreta, algo en detrimento de este último.

Después de corregir este imprevisto en la medida de lo posible, volví a montar, habiendo pagado primero la moderada suma de un real (doce centavos y medio) por nuestro entretenimiento, y expresé mi deseo de partir. Trinidad se demoró, conversando amigablemente con la anfitriona. Finalmente lo saqué. Cuando estábamos en el camino una vez más, le pregunté dónde podríamos parar esa noche.

"Támara", me aseguró sonriendo; así que fuimos a Támara. Era una hermosa extensión del país, aunque deshabitada, que nunca olvidaré. Cabalgué muy despacio. Trinidad caminó a mi lado, y el burro se adelantó dando brincos. Vi que no podía haber prisa hasta que llegáramos a Comayagua, y Trinidad estuvo muy entretenido con sus discursos grandilocuentes y metáfora florida. Tenía pasión por hacer diminutivos de sus sustantivos, terminándolos todos en itos o itas. También disfrutó al contarme la graciosa recepción que le brindó el señor presidente, a quien había visitado en Tegucigalpa.

Juzgué que no mentía, porque el presidente Bográn recibe con la mayor amabilidad a los más humildes.

II
UNA NOCHE EN LA HAMACA

En la tarde, un poco después de las cuatro, fue cuando llegamos a Tamara. Unas cuantas casas pequeñas estaban esparcidas por los campos esplendidos. Nos detuvimos a buscar una posada. Nos dijeron fue fuéramos más adelante una legua y media. Tome agua y proseguimos. La legua y media se convirtió en tres leguas. Era casi de noche, y yo estaba lamentablemente hambriento y cansado, cuando vimos una casa en la ladera de una colina. Había mujeres y niños, algunos animales pastaban tranquilamente y un tendedero del que colgaban tripas de salchicha.

"¿Aquí hay posada", preguntó Trinidad alegremente.

"¡Como no!", dijo una de las mujeres. Me alegré muchísimo de escuchar eso.

Los animales fueron descargados rápidamente; mi hamaca salió de mi maleta y fue colgada adentro.

¡Por los cielos, que lugar! Había tres camas y otra hamaca además de la mía. En una de las camas había un joven con fiebre. Sin embargo, cuando miré a su mama alimentarlo con maíz horneado en la mazorca, concluí que la enfermedad era menos sería de lo que había imaginado. Me quedé fuera lo más que pude. Trinidad pidió que se prepararan café y tortillas. ¡Que buenas sabían, teníamos tanta hambre! También había unos sabrosos trozos de cerdo que parecían asados sobre las cenizas. Después de comer y beber, caminé de un lado a otro hasta que estuvo bastante oscuro y cayó una ligera lluvia. Luego entré y me arrastré hasta mi hamaca. Trinidad descansaba sobre una pequeña manta, que había llevado atada con mi equipaje sobre el desafortunado burro, extendido sobre el piso de tierra. Fumaba cigarrillos, por lo que estaba agradecido, y peleaba con lo que él llamaba las pulguitas, de manera audible y sin cesar.

"Las traen en la ropa desde Tegucigalpa", remarcó el pobre hombre desde su cama.

Trinidad siguió fumando. Se inquietaba de vez en cuando, y gruñía a veces porque el suelo no estaba blando. De no haber sido por la lluvia, sería mejor que nos hubiésemos tendido en el césped de afuera.

"Trinidad", dije cuando los otros estaban dormidos, lo que se podía saber por su respiración, "seguimos a las cuatro en punto".

"Pues, hombre", respondió, "no habrá luz".

"No importa", insistí, "seguimos de todos modos".

Entonces dormí un poco y supongo que él hizo lo mismo. Lo siguiente que supe fue que la luz del día brillaba a través de las rendijas de la puerta. El mozo estaba levantado y haciendo sus preparativos para irse. Pagamos un real y un medio (dieciocho centavos) por la cena y nos marchamos de nuevo. Los animales habían sido alimentados, pero no recuerdo cuánto costó. Mi arreglo era pagarle al mozo una cierta suma y proporcionarle comida. Los animales pastaban por la noche y todo lo que les daba de comer lo había comprado. No esperamos el café, sino que lo tomamos una legua más adelante, en una casa recién construida, limpia, pero solitaria, donde también nos dieron tortillas y huevos, todo por otro real.

El camino ahora nos llevaba arriba y abajo de sinuosos cursos, a través de ríos a veces poco profundos, a veces de gran profundidad, siempre cristalinos y seductores para detenerse bajo la espléndida sombra de los árboles circundantes. Una vez Trinidad, después de llenarme una calabaza con el líquido reluciente, me aseguró con calma que se detendría a bañarse, ¿tendría la amabilidad de cuidar yo al burro? Cabalgué adelante, mantuve un ojo en la pequeña bestia paciente que luchaba con su pesada carga, y encontré un lugar sombreado, donde descansamos hasta que el mozo nos alcanzó, limpio y fresco de sumergirse en el río.

Al mediodía estábamos en Protección, y allí encontramos un lugar para desayunar. Fueron tres reales (treinta y ocho centavos) para mí y el mozo, y había varios platillos, que comíamos de un solo plato, la mayoría con los dedos, ayudados por las tortillas y una cuchara de mis alforjas. Comimos sentados en un par de tablas apoyadas en barriles — solo Dios sabe de dónde vinieron originalmente — y había otros desayunando de la misma manera:

nativos que parecían estar viajando también, porque sus caballos esperaban afuera.

De no ser por el hecho del burro, fácilmente podríamos haber llegado a Comayagua al anochecer. Pero en nuestra situación, solo podíamos esperar llegar a Las Flores.

Hacía calor, pero las vistas fueron espléndidas toda la tarde. Había valles gloriosos y colinas imponentes; multitud de pequeños arroyos que cruzar, innumerables ascensos rocosos que escalar; quietud y calor alrededor de uno; sol ardiendo en lo alto; la miríada de pájaros silenciosos, escondidos en las profundidades de los bosques montañosos. ¡Cinco leguas — unas quince millas — de Protección a Las Flores! Llegó la noche y aún no había señas de humanidad. "No es mucho", dijo Trinidad tranquilamente, mientras comenzamos a ver la luna nueva brillando débilmente en el cielo. No estábamos tan lejos, estuve de acuerdo, porque el terreno estaba nivelado y parecía un vecindario que probablemente tendría un asentamiento. Sin embargo, el sendero que eligió el mozo nos llevó por un mal camino. Lo primero que supe era que estábamos cabalgando sin rumbo fijo por campos de algo que crecía muy alto y traqueteaba sobre uno. El burro empezó a vagar de un lado a otro. Finalmente, Trinidad se detuvo y habló, bastante quejumbroso:

"Pues, hombre, creo que estamos perdidos. No conozco este camino".

"Pues, hombre", dije, "eres un estupendo guía, ¡para perdernos a estas horas de la noche!".

Nos detuvimos allí, a la deriva, por así decirlo, en un mar extraño. La luna estaba cubierta de masas flotantes de nubes. Las estrellas también eran visibles en el cielo de arriba. A lo lejos escuchamos ladridos de perros. Le dije al mozo que debíamos dirigirnos hacia esos ladridos; y así lo hicimos. Pero no fue tarea fácil, pues el burro cansado con su tremendo equipaje no era especialmente manejable, aunque Trinidad lo exhortaba piadosamente y sin pausa.

"¡Burro! ¡Anda!" y varias otras interjecciones, no precisamente profanas, pero cercanas a ella. De un lado a otro, aquí y allá, de un lado a otro, deambulamos por lo que parecieron horas. Alrededor de las nueve en punto nos sentimos salvados por la luz tenuemente resplandeciente que brillaba en la distancia.

"Ahora ya sé", dijo Trinidad alegremente. "Ya puedo reconocer el camino".

"También podría cualquier tonto", murmuré, salvajemente.

La anciana de esta vivienda era una tal Niña Paula. Había tres habitaciones en la casa. La parte de la posada era un apartamento grande y desnudo, con un par de hamacas y una mesa larga de tablas ásperas; absolutamente ningún otro mueble.

"Café y tortillas para dos", pedí dramáticamente, y se hicieron presentes de inmediato. Dormí con comodidad en una de las hamacas y Trinidad ocupó la otra. Hacía frío, pero estaba limpio. Hicimos otra salida tardía por la mañana, y pasamos por San Antonio al norte cerca de las nueve en punto, llegamos a Comayagua al mediodía y nos dirigimos de inmediato al Hotel Americano.

Habíamos logrado sesenta millas de las trescientas sin que hubiera ocurrido nada extraordinario: sin bestias salvajes, sin escapatorias estrechas de los ladrones, absolutamente nada por lo que hacer un escándalo.

III
COMAYAGUA

La antigua capital es una ciudad tranquila. No se oye nada más que las campanas de la iglesia durante todo el día; más tranquilo que Tegucigalpa, lo cual es suficiente para cualquiera. Con una sensación de alivio inexpresable bajé de mi mula en el patio del Hotel Americano; porque sabía que el burro ahora sería devuelto a su potrero nativo, y un par de bestias frescas lo reemplazarían a él y al animal hastiado que había montado hasta ahora. La sonriente propietaria nativa de la casa nos recibió amablemente.

El equipaje fue llevado a una gran habitación en un rincón, donde había una hamaca y un armazón de cama. Había un par de grandes contraventanas a los lados de la habitación, las cuales, con tres grandes puertas, dos de las cuales daban a la calle, excluían la idea de privacidad. Dejé que el mozo se cuidara solo y pedí el desayuno. Se preparó tranquilamente y se colocó sobre una mesa en el pasillo o porche del patio. Había huevos, arroz, carne cocida, pollo, tortillas, pan, frijoles, todo bien cocido y apetecible. También había queso, mermelada de sidra y café, con mucha leche. Después de esta satisfactoria comida, pedí que me arreglaran la cama y pregunté sobre las instalaciones para bañarse. La buena dama me indicó el río más cercano, que no estaba lejos, e incluso se ofreció a enviar un sirviente para que me indicara el camino. Sin embargo, no quería ir de inmediato.

Me tomé un descanso en la hamaca mientras se hacía la cama mediante el sencillo proceso de extender una sola manta sobre la base lisa de la tabla y colocar una pequeña almohada en la cabecera. Observé estos preparativos perezosamente desde la hamaca, y me pregunté si ella pensaba que yo iba a dormir sobre la manta o debajo de ella; no habría muchas opciones para la suavidad. Hacia las dos de la tarde le pedí al sirviente que me mostrara el camino hacia el río.

"¡Dios misericordioso!" o el equivalente en español, "¡si se bañaba a esta hora le dará fiebre!" "¡Disparates!", dije y comencé, seguido de varias súplicas de toda la casa para reconsiderarlo. El sol ardía, pero el arroyo estaba deliciosamente claro y tenía la mayor profundidad. Regresé maravillosamente renovado y encontré a un caballero estadounidense que entonces residía en la ciudad esperando para verme.

Él amablemente se ofreció para mostrarme el lugar.

"¿Por qué no te quedas otro día y descansas?", preguntó.

"¿De verdad crees que uno puede descansar en una cama como *esa*?", respondí.

La pinchó con el dedo y se rio.

"¡Hola!", dijo él; "ni siquiera es un fondo de lona".

"Bueno, ¿Qué hay para ver en la ciudad?", pregunté.

"No mucho además de la catedral. Quédate y te mostraré todo lo que hay mañana".

Le di las gracias y decidí hacerlo, y mandar al mozo con la mula de equipaje hasta la siguiente parada, que sería Cuevas.

En consecuencia, Trinidad partió temprano a la mañana siguiente, habiendo traído a los dos animales frescos para mi inspección a última hora de la tarde. Se veían bastante bien; pero nunca se puede decir por la mirada de una mula, por supuesto.

"Oh, bueno", dije, "después de un año en Honduras, uno debería poder montar una cebra. Déjame la mejor bestia y vete de día".

Quería pasar un rato agradable yo solo hasta Cuevas.

Al día siguiente, el caballero estadounidense vino y me llevó a la catedral, donde nos mostraron primero todas las vestimentas reales correctas del obispo. Estas eran de la más cara seda blanca, algunas de ellas elaboradas con hilos de oro puro y plata; otras estaban bordadas con flores. Todas eran muy pesadas y preciosas, y se guardaban con mucho cuidado en enormes cofres y guardarropas de cedro. Cuando nos deleitamos extensa y artísticamente con estas hermosas túnicas, examinamos las viejas pinturas de las paredes de la catedral y las imágenes, en su mayoría antiguas y que sugieren una momia, de varios santos, principalmente San Pedro; y por último, una figura que según dicen, es la momia de un obispo de hace años. También había magníficos bastones de plata y oro, incensarios y retablos de pintorescos diseños antiguos que el servicial sacristán nos reveló al abrir otros armarios.

Pasamos una o dos horas en el edificio sagrado, saliendo a tiempo para regresar al hotel para desayunar, después de lo cual echamos un vistazo a la parte comercial de la antigua ciudad. "¡Oh, qué despertar tendrás uno de estos días", dije, apostrofando el lugar, "cuando los trenes de ferrocarril pasen silbando por la tierra!" De los dos lugares, Tegucigalpa es, en mi opinión, mucho más atractivo en todos los sentidos.

Cuando el caballero estadounidense se enteró de que me proponía ir solo a Cuevas a la mañana siguiente, alzó la voz horrorizado.

"¿Dónde está tu mozo?", preguntó.

"Se adelantó con el equipaje".

"Pero no puedes ir solo; te saldrás del camino. Hay una desviación que te llevará a Espino, en el camino a Trujillo".

"¿No puedo tomar el camino de la izquierda cuando llegue a la bifurcación?".

"Podrías si lo conocieras".

Y trabajó mi mente de modo que finalmente contraté a un joven guapo, alto y vigoroso, a quien el profesor recomendó por ser estrictamente honesto. Yo llevaba una bolsa de plata tintineante para los suministros y estaba desarmado. La mitad de la cantidad de "pisto", como lo llaman, me hubiera bastado, si hubiera sabido lo poco que iba a ser el gasto de la posada. A las cinco de la mañana del día siguiente (jueves), el mozo, Jesús Galeano (Jesús se pronunciaba Haysoose, y es un nombre muy común), vino a golpear la puerta de mi calle.

"Bueno", dije, estirándome somnoliento en la hamaca, entre la cual y la inflexible cama de tablas había ido alternando toda la noche. Pero siguió golpeando hasta que me levanté y abrí las pesadas contraventanas de una de las ventanas, para demostrar que estaba realmente despierto. Entonces fue y ensilló mi caballo, mientras yo me vestía rápidamente y tomaba mi café.

Probé la nueva mula en un centro lleno de vida a unas pocas millas de la ciudad, dejando que Jesús me siguiera, sabiendo que no podía equivocarme, ya que solo había un camino. ¡La mula era espantosa! Podía ir bastante rápido, pero su forma de andar era la más difícil que jamás había encontrado.

Cuando el camino se había estrechado, como sucede poco después de salir de Comayagua, a un simple sendero, me detuve y esperé a mi nuevo guía. Jesús llegó muy pronto; era uno de los caminantes más rápidos que había visto en mi vida: un elegante ejemplar de la clase de los peones, con su chaqueta y pantalones blancos, su sombrerito redondo de fieltro, el almuerzo atado en un pañuelo limpio y el machete colgando del cinturón; descalzo, por supuesto, con las sandalias de piel que solían llevar. Al mediodía estábamos en Sabana Larga, donde compré café y pan dulce, y Jesús se comió el contenido de su pañuelo. Habíamos pasado sanos y salvos el camino de Espino, y tuve la idea de despedir al chico y dejarlo regresar de inmediato a Comayagua. Sin embargo, como lo había contratado por doce reales (un dólar con cincuenta centavos) y probablemente se quejaría por menos, llegué a la conclusión de que sería mejor que continuara.

IV
HACIA YOJOA

Llovió un poco durante la tarde. Me puse una capa de goma y cabalgue bajo los árboles tanto como fue posible. El cielo estaba nublado, pero el paisaje estaba fresco y glorioso por la lluvia. A las cinco llegamos a Cuevas. Trinidad salió casi de la primera casita a la que llegamos y se quedó sonriendo.

"Pues, hombre", dijo, placenteramente; "esa es una buena mula, ¿verdad?".

Le pregunté, tan severamente como pude, cómo había llegado a darme el animal equivocado.

"El otro *debe* ser mejor", insistí. "De cualquier manera lo probare mañana".

La casita resultó pertenecer a unos amigos de Trinidad. Amablemente me informó que no habría nada que pagar; siendo ese el caso, por supuesto, me incomodaba, hasta que vi a unos muchachos jugando, a los que hice un regalito de un par de reales; y después me sentía aún más incómodo porque querían comérselos.

Era un lugar nuevo y muy limpio. Dormí muy bien, después de una muy buena cena. Jesús recibió sus doce reales con mucho agradecimiento e hizo arreglos amables por algo de comer y un lugar para acostarse en el porche. A la mañana siguiente partió de regreso a Comayagua antes de que Trinidad hubiera ensillado nuestras mulas.

No me importa mucho recordar el viaje de ese día y la pausa de esa noche. Llovió y nos mojamos; había varios ríos profundos que vadear, todos más fáciles para mí que para Trinidad, que se quejaba de enrollarse o, en realidad, de quitarse sus bonitos pantalones blancos, y de la mula de equipaje, que tenía sus propias ideas sobre beber y navegar río abajo en momentos inconvenientes. Trinidad, sin pantalones, me hizo pensar en uno de los ingleses de Rider Haggard en África. Hacia el mediodía llegamos a Meámbar y cabalgamos bajo una especie de cobertizo con techo de paja que parecía puesto a propósito para los viajeros. Al otro lado de la calle había una casa donde el mozo sabía que tomaríamos un buen desayuno. Le quitó el equipaje a la mula de carga para darle un descanso y desató la cincha de la silla de mi animal. Pensó que también los alimentaría.

Este era Miambur. Me senté en uno de mis baúles y miré a mi alrededor. Un espacio llano, salpicado de algunas viviendas lúgubres, la mayoría con techo de paja; colinas espléndidas que se elevan por todos lados, y un río de cierta anchura y fuerza al alcance de la mano, uno de los cuales muchos arroyos fluyen finalmente para mezclarse en las aguas del Ulúa. Media docena de soldados vinieron y me estudiaron, luego tomaron posiciones para descansar bajo el espacioso cobertizo y comenzaron a bromear con Trinidad, que estaba recitando lastimeramente un serio agravio, como sigue: La última vez que había pasado por ese lugar le había prestado a un conocido unos lazos de cuero crudo, esperando recibirlos en su próximo viaje a la costa.

El prestatario ahora negó audazmente cualquier préstamo de ese tipo. Entonces Trinidad le dirigió un severo discurso sobre su moral, a lo que el otro respondió amablemente: "Amigo mío, no manches mi reputación con injustas calumnias"; y así arengaron durante una hora o más. Pero Trinidad no recuperó sus lazos de cuero crudo, ni recibió compensación alguna por ellos. Cuando salimos del lugar, seguía recitando su dolor por tal trato por parte de personas que eran nada menos que ladrones.

¡Esa noche! ¡uf, esa noche! No llegamos a Yure, mucho menos a Santa Cruz. Llovió más y Trinidad dudo en cruzar cierto río, que por la noche estaba lleno y por la mañana casi seco; como consecuencia me condujo a un lugar donde una pequeña choza de paja con paredes, complementada por una choza de paja más pequeña sin paredes, albergaba a una familia de media docena. Toda la familia dormía en la cabaña con paredes. El lugar más pequeño tenía unos tres metros cuadrados y contenía una estufa nativa, una mesa rústica y una tabla de tortillas, que casi lo llenaba. Al balancear mi hamaca sobre la estufa y la mesa, nos las arreglamos para pasar la noche bajo techo. Mi ropa estaba húmeda, pero no podía quitarme nada. Era pegajosamente incómodo, pero no me resfrié ni me dio fiebre.

Por fin llegó la bendita mañana. Café y tortillas por un real; mulas, y otra vez hacia Yure y, más tarde, Santa Cruz. Dejando a un lado la incomodidad y la lluvia, uno ve entre Cuevas y Santa Cruz el país más grandiosamente diversificado que se puede encontrar en cualquier lugar. Cerca de Meámbar hay montañas donde la carretera ha sido cortada en escalones que parecen tallados en mármol. Arriba y abajo, este hermoso sendero atraviesa espléndidos bosques y pendientes azotadas por el viento, donde el silencio solo se rompe con cascadas lejanas o la maravillosa música de los pájaros. En Yure, una solitaria casa con techo de paja se encontraba en lo alto de una colina. Una mujer y una niña eran las únicas personas cuando llegamos. Pero, mientras nos sentamos a desayunar en el frescor de esa altura aireada, se oyeron otras voces y subieron por el mismo camino que habíamos atravesado dos mensajeros de Tegucigalpa con las bolsas de cuero en la espalda. Habían comenzado a andar dos días más tarde que nosotros. Se dejaron caer al suelo de tierra bajo el agradable refugio y charlaron como si no estuvieran tan cansados. Ellos también pidieron desayuno, que después de comérselo rápidamente, se adelantaron a nosotros, imposibilitando los atajos para nuestras bestias y descendiendo por las empinadas laderas con maravillosa rapidez y seguridad.

Y ahora, a medida que avanzábamos, las montañas se volvían cada vez menos formidables. Ante nosotros se extiende un mundo maravilloso de suaves pendientes onduladas. La hierba era de un color esmeralda rico y brillante. La tierra agrietada, como la del camino, se mostraba roja como sangre en algunos lugares. A la izquierda, a lo lejos, se veían vastos y espléndidos campos de caña. Un pantano parecido a un estanque, densamente rodeado de hermosos bambúes, hacía pensar que el lago Yojoa no estaba muy lejos.

Y al anochecer estábamos una vez más fuera de la naturaleza, habiendo llegado al bonito pueblo de Santa Cruz de Yojoa. Aquí, en una habitación espaciosa de una casa confortable, una vez más columpié mi hamaca, y después de la cena me arrastré hacia ella durante las últimas dos noches.

V
LA META

Desde Santa Cruz —un lugar muy habitable con algunas de las mejores personas, el general Leiva por ejemplo, que tiene lugares en el campo allí, y con instalaciones de correos y telégrafos—deberíamos haber recorrido la distancia restante de unas cuarenta millas hasta San Pedro en un día o día y medio, eso si se hubiera montado el mozo, y sin llevar equipaje. Como estaban las cosas, salimos temprano el domingo por la mañana y llegamos a San Pedro el martes por la tarde. Ya no había más montañas que escalar, sino un buen camino nivelado, por el que el feliz jinete de un buen animal de montar podía galopar con deleite.

Yojoa, luego Río Blanco, y ahora Potrerillos o "pequeños pastos". En Río Blanco, refrigerios. En Potrerillos, cruzar un río en canoa; gritarle a un barquero en el lado opuesto; descargar mulas; poner baúles en la canoa; sentar viajeros en baúles; golpear mulas con el remo del barquero para hacerlas entrar al agua y cruzar a nado; Trinidad sujetando sus bridas. ¡Gracias a Dios ya cruzamos el Ulua! En el lado opuesto nos sentamos sofocados bajo un limonero. Es la una, la hora más calurosa del día. Recojo algunos de los limones caídos; luego tomo la calabaza de la silla que está en el suelo, me arrastro hasta la orilla del río y la lleno de agua. Vuelvo y exprimo el jugo de limón y le pongo un poco de dulce que compré en el último lugar. La bebida es primordial.

Los asentamientos para el resto del camino estuvieron cerca unos de otros: Caracol, Pinto, Chamelecón, luego San Pedro. Pero Trinidad y las mulas no estaban tan frescos como al principio del largo viaje. Pasamos esa noche en una casa un poco antes de Caracol. Era una región pantanosa y los mosquitos eran insoportables, de hecho los primeros que había visto en el país. La cabaña era una de dos rodeadas por la exuberante vegetación que desde allí continuaba hasta la costa. Debajo de mi hamaca, en el piso de tierra, encendí unos palos de madera resinosa que ahumaban a los insectos y me hacían sentir como el santo que quedó asado en una parrilla. Me alegré de partir de nuevo al amanecer. El país era ahora un perfecto jardín tropical. Seguimos el costado de la vía férrea en desuso, que se extiende tierra adentro hasta el río Ulúa, pero casi completamente cubierta de arbustos y hierba. Una noche más —cómoda— en Pinto. Otro comienzo temprano más; más cabalgar a través de la indescriptible belleza de las arboledas de palmas de cacao, una perfecta cobertura por encima de las amplias e inmensas hojas; tierra negra húmeda debajo. El resplandor del sol se apagó por completo. A uno se le ocurre una idea absurda: "¡Qué bonitas glorietas son estas para un jardín de verano! ¡Solo tener mesitas aquí y allá, y camareros para traer cerveza y cerveza de jengibre, y una buena banda para tocar constantemente! ¿No sería cómodo?!".

Millas y millas a través de estas arboledas; luego desayuno en Chamelecón, y otro río para cruzar en canoa. En Chamelecón, como en todos estos asentamientos costeros, hay mucha leche rica y deliciosa para beber. La anciana se olvida de darle a uno su cambio, pero no importa. Solo unas pocas millas para llegar a San Pedro. Y a media tarde nos abrimos paso por los caminos bien cuidadas que conducían a ese bonito lugar. Un inspector detuvo a Trinidad y tuvo pagar una cuota de un real para entrar. En este momento sentimos que estábamos en la ciudad. De alguna manera, San Pedro me recordó a Coney Island; supongo que era por el estilo veraniego de las casa; Está situado en la llanura de Sula, detrás de la cual se elevan, en forma de círculo, las colinas eternas de las que habíamos bajado. Hay una bonita iglesia católica y una casa de reunión protestante. La iglesia católica está en una plaza llena de árboles de naranjas. Hay muchas buenas tiendas y un juzgado. Pintorescamente hablando, la ciudad no podría ser mejor. Hay dos o tres arroyos que pasan por ella, siendo el Río de las Piedras el principal. Hay tres calles principales que recorren toda la ciudad, y los árboles que crecen a lo largo de todos los caminos están cubiertos de enredaderas que florecen desenfrenadamente durante todo el año. Nos dirigimos hacia el Hotel International, un edificio de madera alargado y laberíntico. Me bajé de la montura y dejé a las mulas a cargo del mozo, mientras entraba a la oficina. ¡El viaje de cien leguas había terminado!

Tomé un baño y me descubrí que la hora de la cena estaba cerca. Trinidad trajo mi equipaje. Arreglamos las cuentas y le dije "adiós" a él. Nos dimos la mano y me deseó buena suerte. El mozo salió. Cuando cené, más tarde, me di cuenta por primera vez de que durante los últimos diez días había tenido pocas raciones. Mi apetito era simplemente aterrador. Todo estaba delicioso. Dormí profundamente en una cama con colchón y pasé el siguiente día deambulando por la ciudad. Al día siguiente, el tren bajó al puerto dándonos treinta y ocho millas de recorrido ferroviario de la más singular descripción. Un motor, un ténder, un vagón de carga y equipaje combinados, y un coche de pasajeros; el último no mucho más largo que un tranvía de Nueva York y con los asientos dispuestos de manera similar, es decir, a lo largo.

Por supuesto, había muchos pasajeros; entre ellos el señor Jones, un misionero galés, que me interesó por su sinceridad y evidente bondad de corazón, aunque, como me comentó una dama, "el pobre y querido hombre tiene una formidable tarea en perspectiva si piensa convertir a alguien de los católicos de Honduras al protestantismo". Noté, sin embargo, el respeto invariable con el que lo trataban todos y cada uno, que aceptaban sus tratados en español e inglés y se los guardaban con cuidado en el bolsillo.

El tren hacía una parada cada tres o cuatro millas para cargar caoba y otras maderas, además de frutas. En Choloma, llegado al mediodía, desayunamos auténticos lujos. Continuamos de nuevo, avanzando lentamente durante toda la tarde. No es que el tren no avanzara a buen tiempo, sino que nos retenían las incesantes paradas para cargar. Hacía mucho calor en los vagones. No pasó ni un soplo de aire. Nos sentamos allí, húmedos e indefensos, hasta el final. El día se acercaba a su fin. Empezamos a pasar pequeñas lagunas. Por fin una pausa. Estábamos en Puerto Cortés. Pero no nos bajamos. El tren seguiría por otra milla. Siguió. Llegó a la parada final. Nos bajamos. Allí cerca estaba el Hotel Biraud, un lugar agradable. Y más allá, lo que no había visto durante más de un año, meciéndose suavemente, extendiéndose a lo lejos, los prados azules inconmensurables: ¡oh, el mar!

VI
RESUMEN

Un buen jinete, bien montado y sin trabas de equipaje, el cual siempre es bueno enviar con uno o dos días, o incluso tres, de anticipación, puede hacer el viaje de Tegucigalpa a San Pedro fácilmente de la siguiente manera:

Tegucigalpa a Protección: primer día.
Protección a Comayagua: segundo día.

Comayagua a Cuevas: tercer día.

Cuevas a Meámbar: cuarto día.

Méambur a Santa Cruz: quinto día.

Santa Cruz a Pinto: sexto día.

Pinto a San Pedro: séptimo día.

En línea recta, la distancia de la capital a la costa no se parece en nada a la distancia que hay que recorrer montando arriba y abajo y alrededor de las tremendas montañas y los maravillosos valles que se encuentran entre el interior y el mar.

Yo mismo, obstaculizado por el equipaje y el sirviente en pie, pasé nueve noches en el camino, una de las cuales, en Comayagua, fue innecesaria.

Mi viaje se dividió así:

Tegucigalpa hasta la casa al borde del camino antes de llegar a Támara: primer día.

Casa al borde del camino a Las Flores: segundo día.

Las Flores a Comayagua: tercer día.

En Comayagua: cuarto día.

Comayagua a Cuevas: quinto día.

Cuevas a ceca de Meámbar: sexto día.

Cerca de Meámbar a Santa Cruz de Yojoa: séptimo día.

Santa Cruz de Yojoa a cerca de Caracol: octavo día.

Cerca de Caracol a Pinto: noveno día.

Pinto a San Pedro: décimo día.

Los lugares por los que pasamos son: Támara, Protección, Las Flores, San Antonio al Norte, Comayagua, Sabana Larga, Cuevas, Meámbar, Yure, Santa Cruz de Yojoa, Yojoa, Río Blanco, Potrerillos, Caracol, Pinto, Chamelecón, San Pedro Sula.

Sería absurdo que alguien pretendiera que hacer un viaje de poco menos de trescientas millas en la silla de montar, con solo el refugio más duro por la noche y pocas posibilidades de obtener una comida adecuada, es una empresa insignificante. Tal vez parece bastante fácil en el papel, pero puesto en ejecución el plan es algo más formidable.

Por supuesto uno debería esforzarse en conseguir buenos animales; no tanto bestias enérgicas y hermosas como las de paso tranquilo y seguro y que probablemente resistirán bien hasta el final.

Uno debe viajar lo más ligero posible. No cargues con carnes que se mezclarán inexplicablemente con otros artículos una vez que se abran las latas; hogazas de pan para que se pongan rancias rápidamente, y cosas por el estilo, si deseas pasar en poco tiempo. Esto es diferente si no tienes prisa y tienes la idea de acampar.

Lleva una bonita hamaca de tela, que no ocupe demasiado espacio y que no necesite manta para que sea absolutamente cómoda. Si quieres una manta, lleva una que no sea demasiado grande. Lleva un frasco de brandy, pero no lo bebas a menos que te mojes y te enfríes. Toma una calabaza para beber y lleva un poco de cambio, con un promedio de dos reales por cada lugar en el que esperes detenerte. No te desanimes cuando la gente de la posada te diga "No hay". Se persistente y usa mucha cortesía.

No intentes matar pollos a pedradas; sus dueños se van a enojar y se negará a cocinarlos por amor o por dinero.

Los giros, el dinero, el oro y los billetes estadounidenses aportan una prima de alrededor del veinticinco por ciento. Puedes vender tus giros a mejor precio en el puerto que en el interior.

Hay dos buenos bancos en Tegucigalpa.

No es mala idea llevar tu propia montura contigo. Para una dama, de hecho, es necesario hacerlo; de lo contrario probablemente se verá obligada a montar en una de las monturas izquierdas del país, que son muy raras e incómodas.

No deben olvidarse las prendas y sombreros de ala ancha de verano.

Hay muy buenos médicos tradicionales en Honduras, pero las personas que creen en la homeopatía deberían llevar consigo sus pequeños botiquines recién llenados. Un remedio oportuno de este tipo puede resultar de inestimable valor en caso de una enfermedad repentina. Pero con el debido cuidado de uno mismo se puede disfrutar, ininterrumpidamente, de la mejor salud en Honduras.

APÉNDICE
INFORMACIÓN GENERAL

Honduras es la segunda más grande y la cuarta en población de las cinco de las repúblicas centroamericanas.

Nombre. — Honduras significa grandes profundidades.

Área. — Cuarenta y siete mil noventa y siete millas cuadradas.

Posición geográfica. — En la parte norte de Centroamérica, entre 13º 10' y 16º latitud norte, y se extiende de 83º a 89º 45' longitud oeste.

Fronteras. — Norte, mar Caribe y Golfo de Honduras; este, mar Caribe y República de Nicaragua; sur, República de Nicaragua, Golfo de Fonseca y República de El Salvador; oeste, repúblicas de El Salvador y Guatemala.

Topografía. — Grandiosamente montañoso; país atravesado por las Cordilleras, que conecta la Sierra Madre con los Andes. Hacia las costas, las montañas se desvanecen en suaves colinas. Los valles principales están en los departamentos de Comayagua, Gracias, Santa Bárbara, Yoro y Olancho.

Ríos principales. — El Guayape o Patuca, Guayambre, Ulua, Chamelecón, Sulaco, Choluteca, Aguán y Agalta.

Lagos. — Yojoa, en el departamento de Santa Bárbara.

Islas. — Isla del Tigre, en el Golfo de Fonseca, y las Islas de la Bahía, frente a la costa norte.

Puertos. — En el Pacífico: Amapala, en la Isla del Tigre, San Lorenzo y La Brea. En la costa del Atlántico: Omoa, Puerto Cortés, Trujillo y La Ceiba.

Departamentos. — Tegucigalpa, Comayagua, Paraíso, La Paz, Intibucá, Choluteca, Santa Bárbara, Copán, Gracias, Yoro, Olancho y Colón.

Ciudades y pueblos principales. — Tegucigalpa, la capital; Comayagua, la antigua capital; Yuscarán, Santa Bárbara, Trujillo, San Pedro Sula y Amapala.

Clima. — Caliente en las costas; templado en el interior.

Idioma. — Español.

Medios de transporte. — A caballo o en mula, o en carreta de bueyes. Desde Puerto Cortés tierra adentro treinta y siete millas hasta San Pedro Sula hay un ferrocarril, el cual será continuado hacia la capital después.

Población. — Toda Honduras, unos 400,000; Tegucigalpa, 15,000; Comayagua, 10,000.

Hoteles principales. — Tegucigalpa: Hotel Americano, Berlioz & Co., propietarios; Hotel Alemán-Americano, Pablo Nehring, propietario; Hotel Vicne, Hotel Centroamericano. Comayagua: Hotel Americano. Sabanagrande: Hotel Sabanagrande, José M. Mejía, propietario. San Pedro Sula: Hotel Centroamericano, L. Seiffert, gerente; International Hotel, A. Wernie, propietario. Puerto Cortés: Hotel Biraud.

Agentes de transportación y minería. — Pespire: Sres. Jirón & Medina.

Líneas de barcos de vapor. — Pacific Mail, que llega bisemanal a Amapala; Macheca Bros. Line, entre Nueva Orleans y Puerto Cortés, tres barcos al mes, Macheca Bros., Nueva Orleans; De León & Alger, agentes en Puerto Cortés. Honduras & Central American Steamship Company, Williams & Rankin, Nueva York; J. D. Mirrieles, agente, Puerto Cortés. Barcos Aguan y Hondo, llegando a Puerto Cortés y Trujillo, desde Nueva York, Boston y puertos europeos.

Estaciones. — Verano, o temporada seca, que dura desde noviembre hasta mayo; invierno, o temporada de lluvias, que dura desde mayo a noviembre.

TABLAS MOSTRANDO LA TEMPERATURA DE LA TEMPORADA SECA Y LA TEMPORADA DE LLUVIAS

Localidad, Tegucigalpa, longitud oeste 87° 10', latitud norte 14° 15'. Altitud, 3,200 pies sobre el nivel del mar.

Febrero, 1889

Fecha	Mínima	Máxima	Notas
7	66° F.	81° F.	
8	65° F.	80° F.	Clima justo y agradable
9	62° F.	80° F.	
10	66° F.	83° F.	Noches frescas.
11	69° F.	83° F.	
12	67° F.	82° F.	Luna llena
13	64° F.	79° F.	

Octubre, 1889

Fecha	Mínima	Máxima	Notas
11	66° F.	76° F.	
12	64° F.	76° F.	
13	68° F.	79° F.	Lluvia durante la tarde.
14	67° F.	78° F.	Lluvia durante la tarde.
15	65° F.	78° F.	
16	64° F.	77° F.	
17	65° F.	77° F.	
18	64° F.	77° F.	Lluvia durante la tarde.

Consejo para extranjeros. — Usa ropa de verano; trae abrigos ligeros para el interior; viaja lo más ligero posible, con pequeños baúles en pares y que pesen lo mismo; no comas frutas en los primeros quince días de tu llegada; evita mojarte y enfriarte; prepárate con un buen manto de goma que no se abra con el viento.

ALGUNAS PALABRAS EN ESPAÑOL

Usadas en este libro, y algunas que el viajero va a escuchar y debería entender, así como sus definiciones:

Gringo (palabra hondureña): Foreigner.
Frijoles (frecholays): Black beans.
Tortillas: Thin cakes made of corn.
Queso (kayso): Cheese.
Pan: Bread.
Mantequilla (mantaykeya): Butter.
Quiero (keeayro): I wish.
Cuánto: How much?
Cuánto vale (cwanto vahlie): How much does it cost?
Camino (cameeno): Road.
Lejos (layhos): Far.
Cerca (sairca): Near.
Aquí no más: Right here.
¡Cómo no!: Of course.
Huevos (wavos): Eggs.
Pollo (poyo): Chicken.
Carne: Meat.
Café (cahfay): Coffee.
Leche (laychay): Milk
Equipaje (ekkypahy): Luggage.
Baúles (bahooles): Trunks.
Paraguas: Umbrella.
Posada: Lodging.
Hamaca (ahmaka): Hammock.
Comida: Dinner.
Almuerzo (almooairzo): Breakfast.
Bodega: Warehouse.
Pan dulce: Coffee-cake.
Mula macho: Male mule.
Ponga: Put.
Traiga (triga): Bring.
Quita: Take away.

Calentura: Fever.
Catarro: Cold in the head.
Frío: Cold.
Calor: Heat.
Cama: Bed.
Algo: Something.
Lluvia (yuveea): Rain.
Va a llover (va a yovair): It is going to rain.
Cansado (cansahdo): Tired.
Tengo hambre (tengo ahmbray): I am hungry.
Tengo sed: I am thirsty.
Un vaso de agua: A glass of wáter.
¿Hay? (pronounced I): Is there?
Sí, hay: Yes, there is.
No hay: There isn't any.
Alacrán: Scorpion.
Aguardiente: Brandy.
Muy caro: Very dear.
Machete: Big knife.
Soy americano: I am an American.
Estoy cansado: I am tired.
Dinero (deenairo): Money.
Pago: I pay.
Luego (looaigo): Immediately.
Ahora (ah-ora): Now.
Mozo: Guide or servant.
Bestias: Animals
Quiero ir: I wish to go.
Más tarde: Later.
Tegucigalpa (Tay-goo-ci-gal-pa): Tegucigalpa
Pues, hombre: Well, sir.
¡Hombre!: Man alive!

NOMENCLATURA

Las siguientes notas interesantes sobre los nombres de Mosquito han sido publicadas por el Dr. Antonio R. Vallejo en el último censo de Honduras:

El nombre de la importante ciudad de Iriona, donde está la aduana oriental de esta República, viene de *iri*, cuerno, y *ona*, uno, o "un cuerno"

Mafia es el nombre del demonio adorado por los Waiknas.

Cropunto es una villa Waikna situada a orillas del Guayape. Fue fundada por los Payas hace muchos años. Se dice que el nombre es una corrupción de la palabra inglesa *crawfish* unida a la palabra en español *punto*. El nombre significa "punto de acamayas", y describe propiamente el punto cerca del cual está el pueblo. Sin embargo, es más que probable que el nombre venga de *crau*, cangrejo de río, y *unta*, hoyo, del lenguaje Waikna.

Hace muchos años, un cacique de los Payas, llamado Butuco, se estableció cerca de la desembocadura del río Guayape, llamado por los angloparlantes el "Patook". Es fácil ver que la anterior es una corrupción del nombre del viejo Paya. El señor Vallejo dice: "Jocomacho", o "Tocomacho", se dice que viene de la frase en inglés "took match". Otros creen, y esto es más probable, que este nombre se toma de un señor Camacho, cuya familia aún vive allí. Se dice que el señor Camacho fue llamado en broma por los ingleses "el duque de Camacho", y ese título se convirtió gradualmente en "Dukomacho" y finalmente en "Jocomacho".

"Cusuna" es el nombre Caribe del pescado llamado *dormilón* en español. La villa de Cusuna tiene doscientos veinticinco habitantes.

Carataca es el nombre Waikna para el lago Cartago y significa "gran caimán". Viene de *cara*, caimán, y *tara*, grande, y se debe escribir "Caratara".

Sangre-laya viene de las palabras Waikna *sangre*, polilla, y *laya*, costa, y significa "la costa de la polilla".

Guayape se dice que viene de *guayapin,* una túnica que usan las mujeres indias, y es el nombre correcto para el gran río que, elevándose en las sierras que rodean Concordia, fluye por el valle de

Lepaguare, pasando la ciudad de Juticalpa, capital del extenso departamento de Olancho, a través del gran valle de Catacamas y el vasta planicie de Mosquito, para terminar en el mar caribe. No lejos del mar el Guayape se divide; el canal principal corre en una dirección noreste, y el más chico va al noroeste hacia el lago Brus. Este canal pequeño se llama *Toma*, semilla de anato, y *mirra*, hacia el fondo.

Ualpa-tanta es una montaña aislada contra la que se baña el Guayape. En su base hay un gran asentamiento donde los recolectores de caucho se reúnen para comprar mercancías y emborracharse, una o dos veces al año. El nombre proviene de las palabras sumo *ualpa*, roca y *tanta*, plano.

Ualpa-ulbun, o "roca escrita" o tallada, está a dos días remando por Ualpatanta, y es un interesante sitio arqueológico.

Uaxma, nombre de un asentamiento en el Guayape, significa "grito de halcón".

Uampu, nombre de uno de los afluentes más importantes del Guayape, significa "la parte de arriba, la cabeza" También es el nombre del Guava.

Hay un río que fluye hacia el Guayape desde el sur, y es llamado *Amacuas*, el río de las abejas. Otro afluente se llama *Acauas*, agua de tabaco; un tercero es el *Uaspresni*, agua que corre. Río arriba llega el Cuyamel. El nombre sumo es *Inska-ualpa-ula*, o el lugar de la roca de los peces. El río *Súji* (pronunciado soohe) fluye hacia el río Segovia; toma su nombre de la palabra Toaca *suji*, piedra de afilar.

Más arriba del río Plátano se encuentra el pueblo Paya de Sixatara. *Sixa*, banana, and *tara*, "grande".

La aldea Sambo de Uranga tiene el mismo nombre que se le da al caimán, "cacao".

La laguna de Tilbalaca recibe su nombre del hecho de que un grupo de Waiknas una vez mató a un *tilba*, un tapir, en sus aguas y, encendiendo un fuego debajo de una gran *laca*, un árbol de langosta, colgó la carne de su presa en las ramas para curarla en el humo.

El bonito nombre Waikna para el plátano doncella de sabor agradable es *miel-silpa*, literalmente un poco dulce, o un poco de miel.

IMPORTACIÓN DE MERCANCÍA

La siguiente es una lista de la mercancía importada hacia Honduras durante el año económico de 1887-88:

PRIMERA CLASSE
LIBRE DE IMPUESTOS

Libras.

Arroz: 242,258

Ajo: 2,821

Alambre de cerca: 38,316

Avenas: 1,356

Barriles vacíos: 1,316

Zapatillas: 1,310

Cebollas: 30,247

Carros: 10,263

Tuberías: 4,003

Lima: 53,224

Carbón: 2,005

Esferas terrestres: 61

Frijoles: 49,794

Damajuanas vacías: 4,618

Harina: 2,396,149

Máquinas de imprenta: 410

Libros impresos: 9,869

Levadura: 107

Muestras: 2,239

Maquinaria: 64,170

Maíz: 103,764

Manzanas: 4,317

Mármol: 439

Patatas: 66,895

Peras: 208

Tanques de piedra: 830

Sacos vacíos: 19,671

Sal común: 435,505

Semillas: 17

Baldosas de zinc: 70,233
Tarros de piedra: 140
Uvas frescas: 554
Vegetales: 742
Total: 3,618,211

SEGUNDA CLASE
IMPUESTO: DOS CENTAVOS POR LIBRA

Libras

Aceite de linaza: 6,618
Aguarrás: 4,833
Cristalería: 222
Aceite de castor: 19,021
Alquitrán: 6,789
Azúcar: 228,968
Aceite de oliva: 26,873
Agua mineral: 4,571
Almidón: 1,077
Ácido sulfúrico: 3,306
Aceite de hígado de bacalao: 4,855
Aceite resinoso: 1,061
Acero: 7,938
Aceite de almendra: 4,137
Algodón (puro): 105
Semilla de cáñamo: 306
Colofonia: 514
Bacalao: 19,002
Broches: 36
Bórax: 60
Imágenes publicitarias: 1,017
Clavos de hierro: 80,394
Cromos: 24
Cerveza: 427,936
Tiza en polvo: 23
Tamices: 123
Cristalería: 36,576

Carne salada: 33,345
Café: 22,987
Calderas de hierro: 10,083
Cebada: 1,234
Sonaja: 3,060
Portalápices: 24
Cacao: 6,308
Cera negra: 21
Somieres: 5,106
Lámina de cobre: 3,055
Sebo crudo: 233
Cartón: 160
Pegamento: 172
Carbonato de sodio: 60
Dinamita: 6,190
Escobas: 2,463
Láminas de zinc: 81
Fibra inferior: 712
Emulsión de Scott: 2,611
Botellas de vidrio: 16,066
Figuras de piedra: 252
Galletas: 75,593
Jengibre: 15,571
Chícharos: 425
Láminas de estaño: 5,074
Hierro manufacturado: 68,099
Hormas: 860
Hachas: 16,692
Jabón común: 235,227
Libros en blanco: 3,365
Artículos de porcelana ordinaria: 171,160
Lacre: 162
Linaza: 596
Lúpulo: 430
Muebles: 13
Semilleros: 74,259
Cuerdas de todo tipo: 237

Machetes comunes: 11,542
Maizena: 21,277
Caballa: 13,146
Mangos de hacha: 3,755
Piedras de afilar: 1,292
Máquinas eléctricas: 1,923
Manila: 73
Máquinas de coser: 1,121
Planchas: 35,065
Palas: 12,730
Aceite de keroseno: 13,740
Puntas de arado: 297,130
Copiadoras: 318
Pintura: 514
Carne de cerdo: 18,631
Sombreros: 81,392
Pescado salado: 1,465
Potasa: 2,068
Plumas de acero: 149
Plomo: 207
Esteras: 10,381
Jarras de barro: 357
Básculas: 55
Remos: 1,653
Resina: 1,272
Sulfato de magnesio: 775
Sobres: 11,777
Sagú: 7,269
Sellos de caucho de la India: 529
Cuero: 76
Tocino: 515
Tinta para escribir: 17,521
Tachuelas de hierro: 7,369
Tornillos de hierro: 1,298
Utensilios de escritura: 1,382
Vinos: 619,953
Vinagre: 9,434

Productos químicos para la conservación de pieles: 906
Vasos y cristalería: 23,143
Total: 2,903,138

TERCERA CLASE
IMPUESTO: CUATRO CENTAVOS POR LIBRA

Libras
Anzuelos: 325
Aceitunas: 9,920
Anillos de hierro:15
Alhucema: 245
Alambre de zinc: 34
Índigo: 26
Almendras: 435
Alambre de cobre: 32
Baldes: 2,970
Baños: 432
Baúles vacíos: 19,807
Barniz: 841
Cestas: 962
Candelabros de cristal: 660
Cerraduras de hierro: 411
Repostería: 31,435
Candados: 1,137
Cucharas de hojalata: 390
Tela de montura: 211
Clavos de cobre: 1,618
Candelabros de cobre: 53
Cajas para botellas: 29
Colchones: 2,711
Dedales: 331
Pepinillos: 25,969
Figuras de porcelana: 240
Macarrones: 12,254
Ferretería: 39,967
Fruta cristalizada: 273

Platos de hojalata: 5,082
Mermelada: 7,767
Junco: 5
Lámparas: 11,508
Lana cruda: 154
Hilos: 126
Lanzaderas: 18
Vegetales: 1,550
Vajilla fina: 275
Mantequilla: 26,553
Manteca de cerdo: 54,788
Mostaza: 1,105
Munición: 2,789
Niveles: 106
Tuercas: 889
Pintura: 2,103
Papel para envolver: 13,152
Papel para escribir: 49,588
Papel de cigarros: 20,765
Plomo: 2,768
Zinc técnico: 166
Bronce: 55
Palas: 18
Pianos: 7,844
Perfumes: 113
Queso: 10,915
Salsa: 1,322
Sardinas: 28,509
Quinina: 178
Tiza: 84
Utensilios para lámparas: 378
Utensilios de cobre: 112
Velas: 39,427
Pernos y bisagras: 567
Total: 476,356

CUARTA CLASE
IMPUESTO: OCHO CENTAVOS POR LIBRA

Libras
Ácidos: 627
Amargos: 1,903
Aguas perfumadas: 28,167
Alumbre: 146
Anís: 690
Azufre: 908
Velas cristalizadas: 4
Anilinas: 15
Betún: 2,358
Arpillera: 1,973
Billares: 3,135
Cera de abeja: 2,116
Clavos de olor: 265
Carros: 108
Semillas de comino: 5,720
Cajas de cartón: 2,130
Canela: 2,974
Provisiones conservadas: 33,523
Cuchillos comunes: 1,897
Cereza cordial: 20
Cubeba en polvo: 6
Champaña: 4,728
Chocolate: 2,434
Platos de fruta de cristal: 30
Espejos: 9,018
Hule: 1,649
Imágenes y placas: 5
Etiquetas en blanco: 63
Azufre refinado: 268
Cerillos: 37,992
Caucho fabricado: 40
Jarabes: 3,105
Lienzo y tela: 60,875

Leche condensada: 8,343
Salsa enlatada: 137
Música impresa: 99
Nitro dulce: 10
Papel: 66
Pimienta: 4,225
Tubería: 2,920
Pasas: 17,384
Lijas: 207
Piedra azul: 12
Retratos: 376
Bicarbonato: 1,484
Sulfato de hierro: 70
Salsas: 215
Sulfato de cobre: 31
Corchos de botella: 1,029
Tela de alambre: 120
Sacacorchos: 7
Alfombras: 71
Vermut: 14,994
Total: 260,692

QUINTA CLASE
IMPUESTO: DOCE CENTAVOS POR LIBRA

Libras
Acordeones: 3,904
Aceite de algodón: 572
Alfileres y ganchos: 1,199
Aceite de rosa: 960
Agujas: 715
Máquinas de afeitar: 9
Pines eléctricos: 3
Piel de becerro: 1,047
Cepillos: 397
Lienzo de cáñamo: 288
Hilo de algodón: 415

Montaplatos: 35
Tictac: 5,085
Fuegos artificiales chinos: 2,299
Cintas de algodón: 710
Edredones: 5,244
Redes de pesca: 100
Cuentas de vidrio: 10
Charol: 44
Taladro de algodón: 57,929
Harmónicas: 1,183
Ropa larga: 27,670
Elásticos: 645
Figuras de yeso: 43
Mantas de algodón: 3,594
Gelatina: 51
Goma arábiga: 571
Ropa de algodón: 46,603
Hilo de algodón: 33,194
Instrumentos musicales: 3,707
Instrumentos quirúrgicos: 19
Juguetes: 7,766
Jabón perfumado: 2,107
Jaulas para pájaros: 169
Soportes de licor: 76
Algodón blanco: 457,197
Madapolán: 45,774
Mechas de lámpara: 118
Manteles y servilletas: 92
Mana: 20
Naipes: 829
Tela de algodón (olán): 10,603
Ganchos: 233
Perfumería: 36,654
Piel curtida: 6,352
Paraguas de algodón: 7,653
Papel tapiz: 1,475
Plumeros (plumas): 10

Satén de algodón: 3,516
Parasoles de algodón: 959
Sifones: 496
Satín: 5,686
Té: 1,905
Teodolitos: 84
Total: 823,614

SEXTA CLASE
IMPUESTO: DIECIOCHO CENTAVOS POR LIBRA

Cuentas de vidrio: 8,293
Aparatos fotográficos: 168
Botones: 2,124
Bandana: 778
Brillantina: 1,251
Bastones para caminar: 165
Camisetas de algodón: 8,617
Navajas: 1,267
Tela de lino: 677
Material de algodón: 212
Cajones de algodón: 472
Cuentas de vidrio: 22
Taladros: 6,217
Tintes: 11
Calcetines y medias de algodón: : 0,241
Espátulas: 29
Látigos: 187
Fuegos artificiales: 642
Bandas eléctricas: 2
Jeringas: 351
Guantes de algodón: 1
Estampados franceses: 1,671
Loterías: 115
Machetes y cuchillos: 2,732
Perlas finas de vidrio: 45
Navajas: 1,006

Nuez moscada: 152
Pantallas de lámpara: 240
Overol: 40
Brochas para pintar: 1
Rosarios: 122
Tela de sandalia: 1,937
Tijeras: 1,093
Tenedores: 669
Tela real: 1,037
Velas de cera: 437
Estampados de algodón: 110,820
Total: 158,817

SÉPTIMA CLASE
IMPUESTO: VEINTICUATRO CENTAVOS POR LIBRA

Libras
Artículos de lujo: 83
Ácido carbólico: 267
Adornos y flecos de algodón: 99
Huesos de ballena: 88
Camisas de algodón: 12,782
Cuellos y puños de camisa de celuloide: 12
Césped: 8,085
Camisas de algodón: 3,362
Hule: 1,752
Cubre zapatos de goma India: 168
Estuches de costura para mujer: 7
Cruces de plomo: 18
Cintas de terciopelo: 168
Cucharas plateadas: 4
Corbatas de caucho de la India: :
Cordones de algodón: 25
Agujetas de algodón: 8,963
Esencia coronada: 542
Hilo: 563
Peines pequeños: 1

Extractos de carne: 125
Mantas de lana: 19,521
Gorros de terciopelo: 125
Muselina vidriada: 11,367
Hilos de colores: 170
Joyería barata: 2,432
Muselina: 1,486
Placas de estarcido: 130
Lámparas de metal: 10
Medicinas: 37,377
Hilo en madejas: 439
Yesca: 1,687
Necesarios: 94
Paraguas de seda: 941
Peines: 2,233
Pañuelos de algodón: 14,626
Terciopelo: 13,886
Papel de flor artificial: 569
Percal (Muselina blanca): 2,908
Papelillo: 108
Ropa confeccionada: 2,068
Relojes de repisa: 984
Sombreros de caballero: 10,517
Sombreros de dama: 328
Termómetros: 10
Trenzas de algodón: 635
Zarzaparrilla (embotellada): 189
Total: 161,906

OCTAVA CLASE
IMPUESTO: TREINTA CENTAVOS POR LIBRA
Libras
Álbumes: 118
Carpetas: 183
Azafrán: 8
Trenzas: 370
Botones de perlas: 416

Fajas de lana: 4
Camisas de lino: 892
Botas y zapatos: 23,082
Puños de camisas y cuellos de lino: 317
Trenzas de lana: 78
Manteles de algodón: 90
Pitilleras: 40
Agujetas de lana: 20
Encendedores de puros: 13
Etiquetas para botellas: 230
Flecos de lana: 17
Gorros de lana: 41
Alfombra: 263
Tela de silla de montar: 387
Hilo de lana: 462
Estameña: 577
Manto para silla de montar: 491
Muselina: 2,211
Montones de algodón: 10,759
Bolsas: 705
Bordado de algodón: 758
Ropa confeccionada de caballero: 8,542
Etiquetas: 87
Ribetes de lana: 704
Tarjetas de lujo: 218
Total: 47,065

NOVENA CLASE
IMPUESTO: CINCUENTA CENTAVOS POR LIBRA

Alpaca: 539
Fans: 76
Parafernalia militar: 31
Corsés y cinturones: 905
Cachemira: 7,781
Casinet: 187
Cuerdas de guitarra: 254

Cartuchos y tapones: 1,383
Cabestros y bridas: 267
Correas de cuero: 430
Camisas de lana: 361
Damasco: 159
Gafas: 153
Esponjas: 20
Pistolas: 1,715
Franela: 890
Lentejuelas: 517
Ligas: 318
Masa azul: 28
Merino: 1,896
Tela: 1,306
Revólveres: 1,324
Monturas: 963
Sujetadores: 144
Tabaco: 465
Ropa de mujer: 232
Ropa de hombre: 52
Vainas: 76
Pieles de ovejas: 282
    Total: 22,712

DÉCIMA CLASE
IMPUESTO: OCHENTA CENTAVOS POR LIBRA

Libras

Edredones de lana: 159
Corbatas de algodón: 295
Camisetas de lana: 473
Manteles de lana: 20
Cigarrillos: 55
Flores artificiales: 330
Cortinas: 75
Guantes para cabalgar: 5
Adornos: 112
Chales de lana: 2,905

Pañuelos de lino: 180
Pañuelos de imitación de lana: 19
Satén de seda: 132
Sombreros altos: 8
Total: 4,768

ONCEAVA CLASE
IMPUESTOS: UN DÓLAR Y CINCUENTA CENTAVOS POR LIBRA

Libras
Bolas de billar: 21
Corbatas de seda: 36
Listones de seda: 450
Camisetas de seda: 53
Gorros de muselina: 298
Guantes de niños: 92
Joyería fina: 59
Cuerdas de laúd: 278
Olán: 62
Chales de seda: 5,682
Pañuelos de seda: 348
Materiales de seda: 2,024
Sombreros de Panamá: 183
Terciopelo: 54
Total: 9,640

LICORES
IMPUESTOS: DIECISEIS CENTAVOS POR LIBRA

Libras

Ajenjo: 2,783
Brandy: 52,071
Cordiales: 182
Ron: 184
Total: 55,220

IMPUESTO: VEINTIOCHO CENTAVOS POR LIBRA

Libras

Alcohol: 1,038
Aguardiente: 3,815
Semilla de anís: 8,227
Ginebra: 4,477
Marrasquino: 47
Whisky: 8,381
    Total: 27,713

GRAN POEMA DE SIR EDWIN ARNOLD
——THE LIGHT OF ASIA——
CON NOTAS EXPLICATIVAS COMPLETAS DE LA
SRA. I. L. HAUSER
Tela, &1.50.   Piel de cabra, $2.50.

————

NOTAS DE LA PRENSA

"Una tarea que, cuando uno piensa en ella, uno debe sorprenderse de que no se haya realizado antes, ha sido realizada con éxito por la Sra. I. L. Hauser". — *Literary World*, Boston.

"Estas notas serán de gran ayuda para la mayoría de los lectores". — *Chronicle*, San Francisco.

"No hay duda alguna de que habrá una gran demanda de esto". – – *Tidings*, Búfalo.

"La Sra. Hauser ha hecho mucho para que el poema de Arnold sea realmente impresionante y comprensible". — *Interior*, Chicago.

"La luz de Asia' acaba de ser publicada por Rand, McNally & Co., Chicago, de una forma lujosa, con notas. Este poema de Sir Edwin Arnold, que le dio la reputación a su autor, será ampliamente leído en esta edición. La composición tipográfica es soberbia". *News*, Filadelfia.

"Estas notas, que explican el significado de términos que de otro modo no serían inteligibles, añaden mucho al interés del lector. La larga residencia de la Sra. Hauser en la India le ha permitido iluminar muchas de esas sugerencias medio ocultas y alusiones locales cuyo efecto de otra manera estaría perdido". — *Advance*, Chicago.

A la venta en todas las librerías y puestos de revistas.
Enviado para catálogo completo.

RAND, MCNALLY & CO.,
CHICAGO Y NUEVA YORK.

"Un libro sin igual". — Honorable W. E. Gladstone

JOURNAL OF
Marie Bashkirtseff

Traducido por A. D. HALL.

———

Bella y artísticamente encuadernado en un volumen, con retrato.
825 páginas, 8vo., $2.00. Media Rusa. $3.50.

TAPA DE PAPEL, 50 CENTAVOS

———

LA ÚNICA TRADUCCIÓN ÍNTEGRA

y que presenta por primera vez al público lector inglés la vida y el pensamiento de esta extraordinaria joven, que fue el fenómeno reconocido de este siglo. Para usar su propio idioma, ¡esta traducción lo dice todo! ¡Todo! ¡Todo! de lo contrario, como ella agrega: "¿De qué sirve escribir?".

Asegúrate de obtener la edición Rand-McNally, de 852 páginas, la única traducción literal y completa publicada, que **no se debe confundir con otras ediciones** en papel o tela, **sin importar su precio,** pues **ninguna otra** edición contiene más **que la mitad** de los detalles dados al mundo por esta maravillosa joven artista.

———

A LA VENTA EN TODAS LAS LIBRERÍAS

———

Enviado prepagado, al recibir el precio.

RAND, MCNALLY & CO., Editores,
CHICAGO Y NUEVA YORK

LA SERIE RIALTO

———

Los libros de esta serie son obras de especial mérito y son producciones con derechos de autor de autores estadounidenses o escritos dignos de mención de autores extranjeros.

Están encuadernados en tapas de papel pulcras y modestas, a 50 centavos cada una; y la mayoría de ellos también en encuadernaciones de tela de buen gusto, con títulos en el dorso y los lados de oro, a $1.00 cada uno, pospago.

La serie de papel, ingresada en la oficina de correos de Chicago, se puede enviar por correo a un centavo la libra.

———

The Dream (Le Rêve). Por E. Zola. Ilustrado. Papel y tela.

The Iron Master (Le Maître de Forges). Por Georges Ohnet. Ilustrado. Papel y tela.

The Blackhall Ghosts. Por Sarah Tytler.

The Immortal, or one of the "Forty" (L' Immortel). Por A. Daudet. Ilustrado. Papel y tela.

Marriage and Divorce. Por Ap Richard y otros. Papel y tela.

Daniel Trentworthy; a Tale of the Great Fire. Por John McGovern. Ilustraciones tipograbadas. Papel y Tela.

The Silence of Dean Maitland. Por Maxwell Grey. Papel y tela.

Nikanor. Por Henry Greville. Traducido por E. E. Chase. Ilustraciones tipograbadas. Tela y papel.

Dr. Ramean. Por George Ohnet. Ilustrado. Papel y tela.

The Slaves of Folly. Por W. Horace Brown. Tela y papel.

Merze; **The story of an Actress.** Por Marah Ellis Ryan. Ilustraciones tipograbadas. Tela y papel.

My Uncle Barbassou. Por Mario Uchard. Ilustrado. Papel y tela.

Up Terrapin River. Por Opie P. Read. Tela y papel.

Jacob Valmont, Manager. Por Geo. A. Wall y G. B. Heckel. Ilustrado. Tela y papel.

Herbert Severance. Por M. French-Sheldon.

Kings in Exile. Por A. Daudet. Ilustrado. Tela y papel.

The Abbe Constantin. Por Ludovic Halevy, con treinta y seis ilustraciones de Madeleine Lemaire. Doble número.Piel de cabra, tapa brillante, $2.00.

Ned Stafford's Experiences in the United States. Por Philip Milford.

The New Prodigal. Por Stephen Paul Sheffield.

Pere Goriot. Por Honore de Balzag. Medio marroquí, $1.50.

A Strange Infatuation. Por Lewis Harrison. Ilustrado.

Journal of Marie Bashkirtseff. Solo se publicó la edición integra. Tela, $2.00; piel de cabra, $3.50.

Numa Roumestan. Por A. Daudet. Ilustrado. Piel de cabra, $1.50.

Fabian Dimitry. Por Edgar Fawcett.

In Love's Domains. Por Marah Ellis Ryan.

Spirite. Por Theophile Gautier. Ilustrado. Doble número. Piel de cabra, tapa brillante, $2.00.

———

RAND, MCNALLY & CO., Editores,
CHICAGO Y NUEVA YORK

"... El título arriba citado insinúa una historia "ruidosa", pero el libro no es impactante, ni siquiera malo". *New York Herald*.

"Es muy interesante y gráfico en su descripción... La trama está bien trazada; está igualmente bien contada". — *New Orleans Picayune.*

"Es una historia entretenida". — *New York Tribune.*

"No es un libro tan malo como una mirada apresurada a sus primeras páginas podría llevar al lector precipitado a pensar ... Hemos leído novelas, respaldadas por motivos morales, que contenían materia que, tomada en un sentido equivocado, o presentada al mórbido, el lascivo o el inmaduro es más probable que tenga un efecto negativo que cualquier cosa que hayamos encontrado en esta historia". — *New York Morning Journal.*

"El humor de la situación es casi lo suficientemente inteligente, y la trama, en la que Barbassou es el actor principal, es exquisitamente divertida". — *Boston Herald.*

Enviar para catálogo completo.

RAND, MCNALLY & CO., Editores,
CHICAGO Y NUEVA YORK

Este libro ha sido elegido por eruditos como culturalmente importante, y es parte de la base del conocimiento de la civilización como la conocemos. Este trabajo fue reproducido del artefacto original y sigue siendo lo más fiel posible al trabajo original. Por lo tanto, verá las referencias de derechos de autor originales, los sellos de la biblioteca (ya que la mayoría de estos trabajos se encuentran en nuestras bibliotecas más importantes de todo el mundo) y otras anotaciones en la obra.

Este trabajo es de dominio público en los Estados Unidos de América y posiblemente en otras naciones. Dentro de los Estados Unidos, puede copiar y distribuir libremente este trabajo, ya que ninguna entidad (individual o corporativa) tiene derechos de autor sobre el cuerpo de esta obra.

Como reproducción de un artefacto histórico, este trabajo puede contener páginas borrosas o faltantes, imágenes deficientes, marcas, etc. Los eruditos creen, y estamos de acuerdo, que este trabajo es lo suficientemente importante como para ser preservado, reproducido y puesto a disposición del público. Agradecemos su apoyo al proceso de preservación y le agradecemos por ser una parte importante para mantener este conocimiento vivo y relevante.